Erich Zenger

Dein Angesicht suche ich

Erich Zenger

Dein Angesicht suche ich

Neue Psalmenauslegungen

Herder
Freiburg · Basel · Wien

Für

Gertrud und Walter

Die Deutsche Bibliothek – CIP-Einheitsaufnahme

Zenger, Erich:
Dein Angesicht suche ich : neue Psalmenauslegungen / Erich Zenger. – Freiburg im Breisgau ; Basel ; Wien : Herder, 1998
ISBN 3-451-26668-7

Umschlaggestaltung: Finken & Bumiller, Stuttgart
Umschlagmotiv: © Sieger Köder, Du deckst mir den Tisch (Psalm 23)

Satz: Fotosetzerei G. Scheydecker, Freiburg im Breisgau
Herstellung: Freiburger Graphische Betriebe 1998
ISBN 3-451-26668-7

Vorwort

Die gute Aufnahme meiner Psalmenauslegungen „Mit meinem Gott überspringe ich Mauern" und „Ich will die Morgenröte wecken" (nun in einem Band „Die Nacht wird leuchten wie der Tag" zusammengefaßt) hat mich bewogen, einen weiteren Band folgen zu lassen. Auch diese Auslegungen waren zuerst in der Wochenzeitschrift „Christ in der Gegenwart" erschienen und wurden für dieses Buch geringfügig bearbeitet. Ich würde mich freuen, wenn ich durch diese Auslegungen insgesamt vermitteln könnte, daß die biblischen Psalmen wunderschöne Gedichte *und* kraftvolle Gebete sind.

Die Präsentation der einzelnen Psalmen folgt dem methodischen Dreischritt „Einführung" – „Auslegung" – „Kontext". Damit möchte ich der von mir gemeinsam mit meinem Bonner Fachkollegen und Freund Frank-Lothar Hossfeld erarbeiteten Erkenntnis entsprechen, daß das biblische Psalmenbuch nicht ein planloses Archiv von Einzelpsalmen, sondern eine planvolle Komposition ist, innerhalb derer die Einzelpsalmen eine weitere Bedeutungsdimension erhalten. Fachexegetisch kommt diese Perspektive zum Ausdruck, wenn wir dem Psalmenbuch die Bezeichnung „Psalter" geben.

Daß ich den thematisch zusammengeordneten Psalmenauslegungen jeweils einen Abschnitt aus den Evangelien vorangestellt habe, soll anzeigen, daß ich die ersttestamentlichen Psalmen auch als einen bedeutungsreichen Verstehenshorizont des Neuen Testaments begreife; zugleich erhalten diese Psalmen durch ihre Korrelation mit den neutestamentlichen Texten einen weiteren Sinn-

Raum, in dem sie noch einmal und neu gehört und gebetet werden können.

Ich habe lange überlegt, wie ich den biblischen Gottesnamen wiedergeben soll. Ich habe mich, trotz vieler Bedenken, dafür entschieden, wie bisher die Schreibweise JHWH beizubehalten. Daß ich keine Vokale setze und den Namen nur mit den vier Konsonanten in Großbuchstaben („Tetragramm") schreibe, soll bewußt machen, daß der Name nicht als „Jahwe" ausgesprochen werden soll. Ich selbst lese ihn in der Regel als „Der Lebendige" oder mit einer verbreiteten jüdischen Tradition als „Der Ewige".

Bei der Fertigstellung des Manuskripts und beim Lesen der Korrekturen haben Stefanie Fuest, Bettina Wagner und insbesondere Resi Koslowski geholfen; ihnen danke ich dafür sehr herzlich.

Münster, 27. Juni 1998 *Erich Zenger*

Inhalt

I. Buch der Gottsuche

Daß die Bibel als „Wort Gottes" Antwort auf alle Fragen des Lebens sei, ist zwar eine verbreitete und beliebte Redeweise. Aber die zentrale „Botschaft" der Bibel ist dies nicht. Selbst wenn und wo die Bibel ausdrücklich *über* Gott redet, will sie keine Antworten mitteilen, die man beruhigt abholen oder abrufen kann. Im Gegenteil: Das Gott-Geheimnis erscheint in der Bibel zuallererst und zutiefst als Gott-Suche, auf die Menschen „gelockt" werden durch den sie rufenden Gott – und zu der die Menschen immer neu herausgefordert werden, wenn sie sich auf das Wagnis einlassen, ihr Leben und ihren Tod im Angesicht Gottes bestehen zu wollen.

Die biblische Gott-Suche hat viele literarische Formen: Erzählungen, ethische und kultische Weisungen, prophetische Gerichts- und Heilspredigt, weisheitliche Sprüche und Reflexionen. Vor allem hat sich die Gott-Suche verdichtet in den einzelnen biblischen Psalmen und im Psalter als Buch. In den bittenden und anklagenden, dankenden und lobpreisenden Psalmen, die das verborgene oder das zugewandte, nahe oder ferne, tröstende oder beunruhigende Du Gottes suchen, entdecken die Beterinnen und Beter das spezifische Geheimnis des biblischen Gottes, das die in Ex 3,14 gegebene rätselhafte Deutung des Gottesnamens JHWH erläutern will: „Ich werde sein, wer immer ich sein werde. Ich werde bei euch da sein als welcher immer ich bei euch da sein werde." Das ist gewiß die Zusage der unerschütterlichen Treue und der unerschöpflichen Wirkmächtigkeit des biblischen Gottes, aber zugleich klingt hier das Geheimnis der Verborgenheit und der Unverfügbarkeit dieses Gottes mit. *Beides* motiviert die Gott-Suche und gibt ihr die Gestalt der Gottessehnsucht. Die Sehnsucht lebt aus der Kraft und Leidenschaft der Liebenden, die vom liebenden *und* geliebten Gott ergriffen sind und die Gemeinschaft mit ihm suchen – in Freude *und* Leid.

Das Gebet, das Gott sucht, ist der Ernstfall jeder Gottesrede. Das Gebet ist der Ursprung und die Lebensquelle aller Theologie, so sie denn Theo-Logie ist. Wer betet, ist vom Gott-Geheimnis berührt, selbst dann, wenn er wie der Beter von Psalm 88 oder wie der biblische Ijob *gegen* Gott kämpft. Wer betet, hält an der Wirkmächtigkeit Gottes fest, selbst wenn er die Verborgenheit und die Abwesenheit Gottes beklagt. Wer sein Leben „betet", betet es hin zu Gott, der das geheimnisvolle (und oft unbewußte) Ziel unserer Lebenssehnsucht ist, wie dies Augustinus klassisch formuliert hat: „Unruhig ist unser Herz, bis es Ruhe findet in Dir."

In der Sprache der Psalmen heißt dies: „Dein Angesicht, JHWH, suche ich. Verbirg dein Angesicht nicht vor mir. Dein Angesicht zu schauen, ist mein Glück" (vgl. Ps 27,8–9.13). Die Psalmen sind das Herbeirufen eben dieses Gottes JHWH, der seine rettende Nähe in der Geschichte seines Volkes Israel und insbesondere im Leben und Sterben, in der Auferwekung und Erhöhung seines Sohnes Jesus Christus geoffenbart hat. Die Psalmen sind das beharrliche Festhalten und Einklagen dieser Grundwahrheit des Gottesnamens JHWH.

Die Psalmen als sprachliche Gott-Suche wollen zusammendenken und zusammenbringen, was auf der alltäglichen Erfahrungsebene oft widersprüchlich und geradezu sinnlos erscheint: Gott und die Welt, Gott und das eigene Leben, der einzelne Mensch und seine Mitmenschen, die leidvollen und die schönen Situationen des Lebens, die Guten und die Bösen, die Gerechten und die Frevler, die Opfer und die Täter. Gegen alle Versuchungen, die Widersprüchlichkeit des Lebens nicht ernst zu nehmen, an ihr zu verzweifeln oder zu zerbrechen, können die Psalmen die Kraft zum Widerstand und zur Hoffnung geben. Psalmenbeten als Herbeirufen des Gottes JHWH ist das Suchen nach dem Grund, der alles trägt und umfängt. „Wer zu beten anfängt, der weiß, der ahnt zumindest, daß es noch einen Grund gibt, Ja und Amen zu sagen. Und er ahnt, daß man im Verstummen oder im bloßen Neinsagen ein Geschenk zurückwiese, das Geschenk eines hinreichenden Grundes für Jasagenkönnen trotz allem" (J. Werbick).

II. Gottessehnsucht

Ein Schriftgelehrter hatte ihrem Streit zugehört; und da er bemerkt hatte, wie treffend Jesus ihnen antwortete, ging er zu ihm hin und fragte ihn: Welches Gebot ist das erste von allen? Jesus antwortete: Das erste ist: Höre, Israel, der Herr, unser Gott, ist der einzige Herr. Darum sollst du den Herrn, deinen Gott, lieben mit ganzem Herzen und ganzer Seele, mit all deinen Gedanken und all deiner Kraft. Als zweites kommt hinzu: Du sollst deinen Nächsten lieben wie dich selbst. Kein anderes Gebot ist größer als diese beiden. Da sagte der Schriftgelehrte zu ihm: Sehr gut, Meister! Ganz richtig hast du gesagt: Er allein ist der Herr, und es gibt keinen anderen außer ihm, und ihn mit ganzem Herzen, ganzem Verstand und ganzer Kraft zu lieben und den Nächsten zu lieben wie sich selbst, ist weit mehr als alle Brandopfer und anderen Opfer. Jesus sah, daß er mit Verständnis geantwortet hatte, und sagte zu ihm: Du bist nicht fern vom Reich Gottes. Und keiner wagte mehr, Jesus eine Frage zu stellen (Mk 12, 28–34).

Psalm 27

1a Von/für David.

1b JHWH ist mein Licht und meine Rettung:
1c vor wem sollte ich mich fürchten?
1d JHWH ist die Fluchtburg meines Lebens:
1e vor wem sollte ich erschrecken?
2a Wenn Übeltäter sich mir nahen,
2b um mein Fleisch zu fressen -
2c meine Bedränger und meine Feinde,
2d sie sind (schon) gestrauchelt und gestürzt!
3a Wenn sich ein (ganzes) Heerlager gegen mich lagert,
3b mein Herz fürchtet sich nicht!
3c Wenn sich Kampf gegen mich erhebt,
3d auch da bin ich voll Vertrauen!
4a Dies eine habe ich erbeten von JHWH,
4b dies suche ich:
4c Mein Wohnen im Haus JHWHs
4d alle Tage meines Lebens,
4e zu schauen die Lieblichkeit JHWHs
4f und Ausschau zu halten in seinem Tempel.
5a Denn er birgt mich in seiner Hütte
5b am Tag des Unheils,
5c er umhüllt mich mit der Hülle seines Zeltes,
5d auf den Felsen erhebt er mich.
6a Und dann erhebt sich mein Haupt
6b über meine Feinde ringsum,
6c und ich will opfern in seinem Zelt
6d Opfer des Jubels,
6e ich will singen und aufspielen JHWH.

7a Höre, JHWH, mit lauter Stimme rufe ich,
7b sei mir gnädig und antworte mir!

8a *Mein Herz denkt an dein Wort: „Sucht mein Angesicht!"*
8b *Dein Angesicht, JHWH, suche ich.*
9a *Nicht verbirg dein Angesicht vor mir,*
9b *nicht weise ab im Zorn deinen Knecht!*
9c *Meine Hilfe bist du doch geworden!*
9d *Nicht verstoße mich und nicht verlasse mich,*
9e *Gott meiner Rettung.*
10a *Denn mein Vater und meine Mutter haben mich verlassen –*
10b *doch JHWH wird mich aufnehmen!*
11a *Lehre mich, JHWH, deinen Weg*
11b *und führe mich auf gerade Bahn*
11c *um meiner Verleumder willen.*
12a *Nicht gib mich preis der Gier meiner Bedränger,*
12b *denn es erhoben sich gegen mich falsche Zeugen*
12c *und ein Gewaltzeuge.*
13a *Wenn ich nicht geglaubt hätte, zu sehen*
13b *die Güte JHWHs im Lande der Lebenden …*

14a *Hoffe auf JHWH!*
14b *Sei fest und dein Herz sei stark!*
14c *Hoffe auf JHWH!*

Einführung

Der Psalm gliedert sich deutlich in die zwei Teile V. 1–6 und V. 7–13; V. 14 ist eine beide Teile zusammenbindende Schlußformel.

Der *erste Teil (V. 1–6)* redet von Gott in dritter Person und gibt sich dadurch als eine Art Bekenntnis. Das ist der übliche Stil eines Dank- oder Vertrauenspsalms. Daß gleichwohl eine massive Notschilderung und eine leidenschaftliche Bitte in den Text verwoben sind, widerspricht nicht der Eigenart des Vertrauenspsalms. Im Gegenteil: Vertrauenspsalmen sind Gebete mitten in der Angst und gegen die Angst. Grund und Ziel des Vertrauens sind sprachlich hervorgehoben: V. 1 beginnt mit dem Gottesnamen, und V. 6 schließt mit dem Gottesnamen; an JHWH, dem „Ich-will-dasein", macht sich der Beter in seiner Notlage fest.

Der *zweite Teil (V. 7–13)* hebt sich durch den Wechsel der Sprechrichtung ab: Nun spricht der Beter JHWH im Du an, besonders emphatisch mehrmals im Imperativ. Nur zweimal steht statt der Du-Anrede eine Aussage über JHWH (V. 10 und V. 13), die man als poetisches Selbstgespräch oder als Zeugnis vor einem (vorgestellten) Auditorium deuten kann. Dieser Teil ist ein kämpferisches Bittgebet, das die Erfahrung und Bewährung des Vertrauensbekenntnisses von V. 1–6 einklagt – und zwar angesichts der dramatischen Notsituation, die in der Form von Klage, ja Anklage Gottes lebhaft benannt wird.

Beide Teile unterscheiden sich in ihrer Bildwelt. Während V. 1–6 die Rettung des Beters mit Bildern des Krieges (Aufmarsch eines Heeres, Belagerung; Sicherheit in einer befestigten Fluchtburg auf hohem Felsen; Siegesfeier und Jubel) darstellt, wobei diese Bildwelt mit Bildern vom Tempel als Ort der rettenden und schützenden Gottesgegenwart überlagert ist, entstammt die in V. 7–13 geschilderte Notsituation der juristischen Welt (verleumderische Anklage mit drohender Verurteilung zum Tod); auch dieser Teil ist durchmischt mit Bildern, die mit der Tempeltheologie in Verbindung stehen (Audienz des Knechtes bei Gott als König, Schauen seines Angesichts).

Wegen der sprachlichen und motivlichen Unterschiede der beiden Teile wird meist (wohl zu Recht) angenommen, daß im nun vorliegenden Psalm 27 zwei ursprünglich eigenständige Gebete zusammengefügt sind, wobei der Schlußvers V. 14 als einigende Klammer dient. Mit seiner Anspielung auf den kämpferischen Weg Josuas in das Gelobte Land (vgl. Jos 1,6–9) deutet V. 14 die in beiden Teilen betonte Gott-Suche als kämpferischen Weg im Vertrauen auf das zugewandte Angesicht des guten Gottes.

Auslegung

Der *erste Teil* des Psalms (V. 1–6) setzt in V. 1 mit einem vertrauensvollen Bekenntnis zu JHWH ein, in dem der Beter seine erfahrene und erhoffte Beziehung zu JHWH mit drei Metaphern benennt. Es sind Metaphern, die JHWH als Retter aus tödlicher Bedrohung benennen und deren Bedeutung sich aus dem Kontext erschließt, dem sie entnommen sind. „Licht" ist archaisch (und vielfach reigionsgeschichtlich bezeugt) mit dem Anbrechen des Tages verbunden, erlebbar und erfahrbar mit dem Aufgehen der Sonne. Dieses „Licht" beendet das bedrohliche, ja unheimliche Dunkel der Nacht, die Zeit der Unheilsdämonen, die Zeit der Diebe, Räuber und Mörder, kurz: die Zeit des ängstigenden Chaos. „Rettung" ist in der biblischen Tradition meist Rettung aus feindlicher Bedrängnis, insbesondere Rettung vor der Übermacht der Feinde im Krieg. „Fluchtburg" benennt ebenfalls die Perspektive der Rettung vor einem verfolgenden oder belagernden feindlichen Heer. „Fluchtburg" ist die auf einem Berg gelegene, ummauerte und gut befestigte Stadt oder noch spezifischer die am höchsten Punkt innerhalb der Stadt gelegene Zitadelle, wohin sich die Menschen flüchten können, wenn ein feindliches Heer heranzieht. Daß in V. 1 diese Metaphorik im Hintergrund steht, wird in V. 2–3 offenkundig. Es sind extrem gesteigerte Bilder existentieller Gefährdung und Angst: Feindliche Menschen stürzen wie wilde Raubtiere auf den Beter zu, um ihn aufzufressen. Ein Riesenheer von feindlichen Soldaten umkreist und belagert ihn, wie man eine Stadt belagert, um sie auszuhungern und dann zu erobern. Ein mit Macht vorangetriebener kriegerischer Angriff gegen ihn hat begonnen. In der Tat: Bilder extremer Angst, die auch in unseren Träumen aufsteigen.

Gegen diese Angst setzt der Beter seine Gegenbilder, mit denen er die rettende Wirkmächtigkeit „seines" Gottes beschwört („*mein* Licht", „*meine* Rettung", „*meine* Fluchtburg"). Und mit diesen Bildern sucht er mitten in seiner Angst einen rettenden Halt: Die emphatischen Fragen in V. 1c und V. 1e sowie die Bekenntnisse der Furchtlosigkeit in V. 3b und V. 3d beenden nicht die Angst des Beters, wohl aber die lähmende und lebenszerstörerische Macht der Angst. Das ist die Botschaft, die in V. 1–3 der Beter sich selbst und uns sagt: Mitten in Angst und Gefahr ist „dein Gott" dir nahe, was immer auch geschieht.

Was das Vertrauen auf die Gottesnähe bewirkt, entfaltet dann V. 4–6 mit der Bildwelt der Tempeltheologie, wobei die in V. 1–3 verwendete Kriegsmetaphorik noch weiterwirkt. Nach altorientalischem Verständnis ist der Tempel der Ort, an dem die Gottheit gegenwärtig ist. Im Tempel ist das Kultbild der Gottheit oder, wie in Jerusalem, ein besonders aussagekräftiges Symbol der Gottheit (in Jerusalem der Kerubenthron und die heilige Lade). Wer im Tempelareal ist, ist gewissermaßen im Kraftfeld Gottes und erhofft dort Kraft für den Alltag. Mit vielen Tempeln der Antike, auch mit dem Tempel von Jerusalem, war die Praxis des Tempel- bzw. Gottesasyls verbunden, das in unserem „Kirchenasyl" weiter lebendig ist. Wer Tempelasyl erhalten hat, steht unter dem besonderen Rechtsschutz der Gottheit und ist tabu für seine Verfolger. Diese Vorstellungen stehen im Hintergrund von V. 4–6: Für den Beter *ist* sein Gott der rettende Tempel. JHWH ist die rettende Hülle, die vor dem Sturm beschützt. JHWH nimmt ihn zu sich, so wird mit der Sprache der Jerusalemer Tempeltheologie gesagt, in „sein

Zelt" auf dem heiligen Felsen (V. 5), während die Feinde draußen bleiben müssen (V. 6). Der Vertrauenspsalm V. 1–6 ist also ein geradezu trotziges Bekenntnis zur rettenden Kraft des Vertrauens auf die Gottesnähe.

Daß ein solches Bekenntnis zum Gebet hindrängt, das die Erfahrung und Bewahrheitung dieses Bekenntnisses herbeiruft, ist angesichts der Realität menschlichen Lebens nicht verwunderlich, wie der *zweite Teil* des Psalms, das Bittgebet (V. 7–13), zeigt. Die nun poetisch geschilderte Notsituation ist ein juristischer Krieg, dem der Beter hilflos ausgeliefert ist. „Lügenzeugen" und „ein Gewaltzeuge" haben ihn verleumderisch angeklagt. Es droht die Verurteilung zum Tod (V. 12). Er ist (oder fühlt sich) buchstäblich alleingelassen. Nicht einmal „Vater und Mutter" stehen ihm zur Seite. Die Ausweglosigkeit ist so massiv, daß er sogar fürchtet, von seinem Gott verstoßen zu sein. In dieser Not gibt ihm die Erinnerung an die Einladung Gottes „Sucht mein Angesicht!" (V. 8 a; vgl. Am 5,4) die Kraft zum Kampf gegen den Tod – im Vertrauen auf die Nähe seines Gottes. Auch die Vorstellung vom „Angesicht Gottes" stammt aus der Tempeltheologie. Der Tempel ist dann gewissermaßen der Thronsaal Gottes. Wer dort vorgelassen wird, um bei einer Audienz sein Anliegen vorzutragen, schaut „das Angesicht" der Gottheit. Der Beter setzt darauf: Sein Gott muß ihn retten (V. 8 b-10 b). Von seinem Gott will er sich gerne auf den Weg der Gerechtigkeit führen lassen (V. 11), der ein Weg zum Leben ist (vgl. Dtn 30,15–20; Ps 16,11). Was immer geschieht: Er setzt darauf, daß stärker als die Macht des Todes, der ihn in der Gestalt verleumderischer Feinde überfallen hat, die Güte seines Gottes ist. Von ihr will er nicht lassen: mit ihr *ist* er „im Lande der Lebenden" (V. 13).

Mit dem *Schlußvers* (V. 14) wendet sich der Psalm an die Hörer und Beter des Psalms. Er lädt mit dem zweimaligen Aufruf zur Hoffnung dazu ein, die im Psalm bezeugte Gottesnähe zu suchen – und mit ihr den Kampf für das Leben (V. 14b ist eine Art „Amtseinsetzungsformel“: vgl. Jos 1,7) zu wagen.

Kontext

Fast alle Psalmen sind als Einzeltexte entstanden und wollen als solche zuallererst aus sich verstanden werden. Freilich stehen nun im Psalmenbuch 150 Psalmen beisammen. Und auch diese Tatsache, die von der Psalmenforschung bislang kaum oder überhaupt nicht beachtet wurde, ist für das Verständnis eines Psalms bedeutsam. Denn die einzelnen Psalmen sind nicht plan- und beziehungslos hintereinander gestellt worden. Jene Gruppen, die das Psalmenbuch (in einem mehrstufigen Vorgang, der hier nicht nachgezeichnet werden kann) schufen, haben aus dem Schatz der zu ihrer Zeit vorhandenen Psalmen solche ausgewählt, die ihnen für die Überlieferung wichtig erschienen, und haben diese nach unterschiedlichen Gesichtspunkten zu kleinen Teilsammlungen zusammengeordnet, aus denen schließlich das Psalmenbuch als Ganzes entstand. Diese Kleingruppen orientieren sich oft an einem liturgischen Ablauf (Klage – Bitte – Dank; Klage – Gottesorakel – Lobpreis u.ä.) oder an einer theologischen Idee (Gottesherrschaft; Zion als Ort des Lebens). Manchmal haben die Sammler (vor allem am Anfang oder Schluß eines Psalms) auch redaktionell eingegriffen, um Bezüge zwischen aufeinanderfolgenden Psalmen herzustellen, durch die den Betern/Beterinnen der fortlaufende Zusammenhang deutlich werden sollte. Die Reihenfolge der Psalmen gibt einem Einzelpsalm dann einen neuen Sinn-Raum, in dem der Psalm noch einmal anders ertönt; er erhält zusätzliche Ober- und Untertöne, wenn er mit den anderen Psalmen, die neben ihm stehen, zusammengehört wird.

Psalm 27 will im Zusammenhang der Teilsammlung Ps 25–34 gebetet und verstanden werden. Die beiden Eckpsalmen der Gruppe, Ps 25 und Ps 34, sind vielfältig aufeinander bezogen. Beide Psalmen sind alphabetische Akrosticha, das heißt: die Anfangsbuchstaben der jeweils 21 Parallelismen (Verse) der Psalmen folgen dem fortlaufenden Alphabet (von Aleph bis Taw, also von A bis Z). Nur der jeweils letzte Vers 22 weicht von diesem Schema ab. Diese zwei Verse dürften von der Redaktion stammen, die damit zugleich die beiden Psalmen ausdrücklich miteinander verklammert, zumal beide Verse das Themawort „erlösen/befreien" gemeinsam haben. Ps 25,22 ist eine Bitte: „Erlöse, Gott, Israel aus all seinen Nöten!", Ps 34,22 ist ein auf diese Bitte antwortendes dankbares Bekenntnis: „JHWH erlöst das Leben (die Seele) seiner Knechte. Und nicht müssen büßen alle, die zu ihm ihre Zuflucht nehmen". Der in diesen beiden Schlußversen erkennbare Spannungsbogen Bitte – Dank bestimmt auch die ganze Teilsammlung Ps 25–34. Mit Ps 25 beginnt eine Bewegung von *Bittgebeten*, die auf Psalm 29 als *hymnische Mitte* der Komposition hinzielt. Und danach folgen ab Psalm 30 *Dankgebete*, die in Ps 34 zur Ruhe kommen. Psalm 29 markiert die Wende von der Bitte zum Dank. Psalm 27 ist Teilelement der sich steigernden Folge der Bittgebete Ps 25–28, die von Ps 25,22 her als Bitte um Erlösung/Befreiung „von/aus allen Nöten" zu lesen ist.

Die drei Psalmen 26–28 benennen drei fundamentale Nöte, aus denen Gott retten soll: Sünde (Ps 26), Verfolgung und Verleumdung durch Feinde (Ps 27), schwere Krankheit und tödliche Bedrohung (Ps 28). Und die nach Ps 29 eingeordneten drei Psalmen 30–32 danken (in spiegelbildlicher Entsprechung zur Abfolge Ps 26–28) für erfahrene Rettung aus dem Tode (Ps 30), vor den Feinden (Ps 31) und aus der Last der Sünde durch Vergebung (Ps 32).

Das also ist die Bewegung einer vielschichtigen Gott-Suche, an der unser Psalm 27 teil hat. Es ist ein leidenschaftliches Sich-Bergen in der schützenden Nähe Gottes, dessen Lebendigkeit aus der Hoffnung erwächst, die die Schlußverse der beiden sich entsprechenden Psalmen 27 (V. 14) und 31 (V. 25) festhalten.

Ps 29 als Mitte der Komposition Ps 25–34 beschwört hymnisch das Geheimnis, daß und wie der Gott Israels ein rettender und Kraft gebender Gott ist. In diesem Psalm sind die Bilder von JHWH, der in seinem Tempel gegenwärtig ist und der dort gesucht werden will, besonders intensiv verdichtet. Der Psalm feiert den Götter- und Weltenkönig JHWH, der „über der Flut des Chaos thront" (Ps 29, 10) und sich als guter König seines Volkes erweisen will (Ps 29, 11).

Psalm 27 ist der betende Versuch, sich von der Lebensnähe des guten Königs JHWH erfassen und halten zu lassen.

Psalm 84

1 *Für den Chorleiter. Nach gititischer Weise.*
Von den Korachiten. Ein Psalm.

2a *Wie liebenswert sind deine Wohnungen,*
2b *JHWH Zebaot (der Heerscharen)!*
3a *Es sehnt sich, ja es verzehrt sich meine Seele*
3b *nach den Höfen JHWHs.*
3c *Mein Herz und mein Leib schreien*
3d *dem lebendigen Gott entgegen.*
4a *Auch der Sperling hat ein Haus gefunden*
4b *und die Schwalbe ein Nest für sich,*
4c *wo sie ihre Jungen hingelegt hat,*
4d *bei deinen Altären.*
4e *JHWH Zebaot (der Heerscharen),*
4f *mein König und mein Gott,*
5a *selig, die in deinem Hause wohnen,*
5b *sie werden dich immerdar/wieder preisen. SELA.*

6a *Selig die Menschen, deren Stärke in dir gründet,*
6b *die Pilgerwege in ihrem Herzen haben.*
7a *Ziehen sie durch das Tal der Dürre (Baka-Tal),*
7b *machen sie es zu einem Quellgrund,*
7c *ja, mit Segen bedeckt es der Frühregen.*
8a *Sie gehen von Kraft zu Kraft,*
8b *(bis sie) erscheinen vor Gott in Zion.*

9a *JHWH, Gott, Zebaot (der Heerscharen),*
9b *höre doch mein Bittgebet,*
9c *horch her, Gott Jakobs! SELA.*
10a *Unser Schild, sieh her, Gott,*
10b *und blicke auf das Angesicht deines Gesalbten!*
11a *Ja, besser ist ein Tag in deinen Höfen*
11b *als tausend, die ich selbst erwählt hätte;*

11c *(besser ist) an der Schwelle Stehen im Haus meines Gottes*
11d *als Wohnen in den Zelten des Frevels.*
12a *Ja, Sonne und Schild ist JHWH Gott,*
12b *Gnade und Herrlichkeit gibt JHWH.*
12c *Er versagt Gutes nicht*
12d *denen, die in Vollkommenheit gehen.*
13a *JHWH Zebaot (der Heerscharen),*
13b *selig die Menschen, die auf dich vertrauen.*

Einführung

Psalm 84 ist durch und durch von tempeltheologischer Motivik bestimmt. Allerdings gehen die Meinungen darüber unvereinbar auseinander, ob der Psalm ursprünglich seinen „Sitz im Leben" am Heiligtum bei der liturgischen Begrüßung der Pilger („Tempelpfortenliturgie") hatte oder ob er seine geistige Heimat gerade fern vom Heiligtum war oder ob das Heiligtum hier bereits zur (mythischen) Metapher für den vom Heiligtum aus wundervoll wirkenden Zionsgott selbst geworden ist.

Mir scheint die Auslegungsrichtung textgemäßer zu sein, die Ps 84 als ein Klagegebet versteht, das *fern vom Tempel* gebetet wird, in der Sehnsucht nach dem am Zion bzw. vom Zion aus „die Gnade und Herrlichkeit" gebenden JHWH Zebaot. Dieses Verständnis legt sich vor allem von der Struktur des in Ps 84 erkennbaren Grundpsalms her nahe.

In seiner *Endgestalt* ist der Psalm in die *drei Strophen V. 2–5. 6–8. 9–13* gegliedert. Auffallendstes Gliederungsmerkmal ist die wechselnde Sprechrichtung bzw. Sprechsituation. In V. 2–5 und V. 9–13 spricht ein Ich *zu* seinem Gott (Sprechsituation: „ich – du"), während V. 6–8 *über* die Menschen redet, die unterwegs sind zu Gott auf dem Zion (Sprechsituation: „sie"). Diese dreistrophige Gliederung wird dadurch betont, daß in jeder Strophe an strukturell herausgehobener Position eine Seligpreisung steht, die zugleich das Thema der Strophe zusammenfaßt (Seligpreisung V.5: Ende der 1. Strophe; Seligpreisung V.6: Anfang der 2. Strophe; Seligpreisung V.13: Ende der 3. Strophe). Die Positionierung der Seligpreisung am Anfang der 2. Strophe gibt dieser Strophe ein besonderes Gewicht. Die Sonderstellung *dieser* mittleren Strophe im Vergleich zu den beiden äußeren Strophen zeigt sich zum einen in ihrer Kürze (die beiden äußeren Strophen haben 7 Parallelismen/Bikola, die mittlere Strophe hat 3 Parallelismen/Bikola) und zum anderen im Fehlen der Gottesprädikation JHWH Zebaot, die in den beiden äußeren Strophen je zweimal steht – und zwar jeweils in struktureller Anfangs- und Endposition (*inclusio*). An dieser Differenz wird bereits ein wichtiger Interpretationshinweis sichtbar: Während die beiden äußeren Strophen Aussagen über das Wirken des JHWH Zebaot machen, macht die mittlere Strophe Aussagen über die Menschen, die zu diesem JHWH Zebaot unterwegs sind.

Die drei Strophen haben ihr jeweils spezifisches inhaltliches bzw. metaphorisches Profil. Die erste Strophe besingt „die Wohnungen" bzw. „das Haus" JHWHs als Ort der Geborgenheit und als Heimat – und *als solches* ist das Haus JHWHs Ziel der Sehnsucht des Beters; an ihm hängt er mit seiner ganzen Existenz („Seele, Herz, Leib/Fleisch"). Die zweite Strophe zeichnet die „Wallfahrer", die sich auf den Weg machen, um das Angesicht des Zions-Gottes zu schauen und ihm zu begegnen. Die dritte Strophe zeigt den Zions-Gott selbst und sein belebendes Wirken („Sonne und Schild", Geber von „Gnade und Herrlichkeit", Spender „des Guten").

Diese drei Strophen wollen als zusammenhängendes, linear fortschreitendes Geschehen gelesen werden. Der Text beginnt mit der Faszination darüber, daß es in dieser Welt einen Ort gibt, an dem Gott „wohnt", ein „Haus", das Gott den Menschen (und den Tieren) als „Haus" anbietet (1. Strophe). Diese Faszination treibt den Beter des Psalms und mit ihm noch viele andere auf den (Pilger-)Weg zu diesem „Haus", um dort diesem Gott selbst zu begegnen (2. Strophe). Der Psalm kulminiert in seiner 3. Strophe, indem er die das „Haus" dieses Gottes betretenden („in Ganzheit/Vollkommenheit": V. 12d) Menschen und ihre Begegnung mit dem in diesem „Haus" erscheinenden Gott zeigt.

Die drei Strophen konstituieren in ihrer metaphorischen Geschehensstruktur eine „Gottes-Welt", die in unserem Psalm zugleich als Gegenwelt entworfen ist. Die „andere" Welt, zu der die Gottes-Welt der Kontrast ist, kommt in den drei Strophen ebenfalls zur Sprache. Am deutlichsten ist sie in der dritten Strophe da, wo sie mit der Metapher „Zelte des Frevels" charakterisiert wird.

Aber auch die Zeit der „Gottes-Welt" wird in V. 11ab mit einer Kontrast-Zeit konfrontiert. Leider ist der Text hier im Detail unverständlich, aber die Aussagetendenz ist klar: Die Zeit der „Gottes-Welt" ist die „gute" Zeit schlechthin, weil sie die auf dieser Welt erlebbare Gottes-Zeit selbst ist.

Sein spezifisches Aussageprofil erhält der Psalm durch die drei kollektiven Seligpreisungen V. 5. 6. 13. Hier werden Menschen als Gestalten glückenden bzw. geglückten Lebens vorgestellt, die eine Beziehung zur „Gottes-Welt" haben bzw. in dieser „Gottes-Welt" leben. Für das Gesamtverständnis des Psalms ist bedeutsam, *wie* die zweite Strophe (V. 6–8) das Leben dieser Menschen in der „Gottes-Welt" darstellt. Die Szenerie dieser Strophe inspiriert sich an den prophetischen Utopien des Jesajabuchs, die die Rückkehr zum wiederhergestellten/erneuerten Zion aus dem Exil und aus der Zerstreuung in alle Welt als wundervollen Zweiten und Dritten Exodus ankündigen und ausmalen. Dieser „neue"/»eschatologische" Exodus wird als ein Weg durch die Wüste gestaltet, der die Wüste in das „urzeitliche" Paradies verwandelt. Genauer: Es ist JHWH, der in der Wüste Quellen hervorsprudeln läßt, sie zu einer Region üppigsten Lebens macht und die, die auf diesen Wegen der Erlösung zum Zion ziehen, mit beinahe übermenschlicher Kraft ausstattet. Nach Jes 35,1–10 ist es JHWH selbst, der an der Spitze der Erlösten zieht und bewirkt, daß in der Wüste Quellen hervorbrechen und in der Steppe Bäche fließen, daß der glühende Sand zum Teich und das durstige Land zu sprudelnden Quellen werden (vgl. Jes 35,6f). Jes 41,17–20 und 43,10–20 lassen JHWH geradezu gestalthaft die wunderbaren Wasser in der Wüste bzw. dort, wo die Erlösten durchziehen, hervorbringen. In allen diesen Stellen wird das in der Exodusüberlieferung beheimatete Motiv von der wunderbaren Wassergabe schöpfungs- *und* zionstheologisch transformiert und so zugleich mythisiert: Wo der Zions-Gott auftritt, verwandelt er das Chaos in Kosmos und läßt er die „paradiesischen" Wasser des Lebens entspringen.

Diese „Gottes-Welt", die in unserem Psalm in der tempeltheologischen Motivik der beiden äußeren Strophen anklingt, wird in der mittleren Strophe poetisch evoziert – in einer freilich hochbedeutsamen Neuprägung: Nun ist es nicht mehr JHWH, der durch die Wüste zieht und diese in eine paradiesische Landschaft des Lebens verwandelt, sondern es sind „die Gottes-Pilger". Sie bewirken die „Gottes-Welt" – dadurch daß sie „die Zions-Straßen in ihren Herzen haben" (V. 6), d.h. dadurch, daß sie die mit den Wegen zum Zion verbundenen Verheißungen und insbesondere den Gott in ihren Herzen haben, der denen, die ihn als ihr „Haus" suchen, die Fülle des Lebens schenkt.

Man kann fragen, ob im vorliegenden Psalm nicht mehrere Spuren einer Bearbeitung erkennbar sind, die nicht zuletzt mit seiner Einordnung in die *Komposition* der Korachiten-Sammlung zusammenhängt. Die Diskussion müßte in dieser Hinsicht über die Verse 4c–f. 7c.9–10. geführt werden. Wann und wo der sich so ergebende „Grundpsalm" entstanden ist, ist schwer zu sagen. Es gibt exegetische Meinungen, die den Psalm aus vorexilischer Zeit herleiten; vor allem wenn man die Bitte für den „Gesalbten" in V. 10b „wörtlich" nimmt und auf den König bezieht, legt sich eine solche Datierung nahe. Ich selbst halte die sich im Psalm aussprechende *individuelle* Tempelfrömmigkeit, aber auch die im Psalm vorausgesetzte Tempelanlage für Anzeichen nachexilischer Herkunft. Allerdings sind dies für unser Beten des Psalms eher zweitrangige Erwägungen.

Auslegung

Die *erste Strophe* (V. 2–5) setzt mit einer Liebeserklärung an den ganzen Tempelbezirk ein. Es ist freilich nicht die äußere Pracht des Tempels, die den Psalmbeter fasziniert (so wie wir heute fasziniert sind von der goldenen Kuppel des sogenannten Felsendoms in Jerusalem oder von der Kuppel und den Kolonnaden von St. Peter in Rom); die Anlage des Zweiten (nachexilischen) Tempels war, verglichen mit der des Ersten (vorexilischen) Tempels, ohnedies eher bescheiden. Den Beter des Psalms bewegt die „innere" Qualität des Heiligtumsareals mit den verschiedenen Gebäuden (Tempel im eigentlichen Sinn und die übrigen für die verschiedenen Dienste notwendigen Bauten) und den großen Höfen. Es ist die Residenz JHWHs, wo man *ihn* sehen, hören und erleben kann. Es dürfte aber auch die Vorstellung mitschwingen, daß sich auf den Höfen bzw. Plätzen im Tempelbezirk so viele Menschen versammeln, die sich dort „zu Hause" fühlen – so wie die Vögel, die dort nisten (wer kennt nicht die Faszination der Touristen über die Taubenschwärme vor dem Markusdom in Venedig). *Diese* Nähe seines Gottes, den er mit einer Loyalitätserklärung „mein König" nennt, will auch er erleben. Sein Denken, Wollen und Fühlen, buchstäblich alles in ihm (V. 3 a: „meine Seele"; V. 3 c: „mein Herz und mein Leib") kreist voller Sehnsucht um diesen Ort der besonderen Gottesgegenwart. So steigert er seine Bewunderung in V. 5 mit einer Seligpreisung für alle, die dort „wohnen", sei es weil sie zum Kult- und Dienstpersonal des Tempels gehören, sei es weil sie als Jerusalemer das Privileg haben, immerfort zum Tempel und zu seiner Liturgie gehen zu können. Das Wichtigste, was diese „Dauerbesucher" des Tempels tun (sollen), ist nach V. 5 b der Lobpreis des guten Gottes. Darin weiß sich der Beter unseres Psalms freilich, auch aus der Ferne, mit ihnen verbunden: „mein Herz und mein Leib schreien dem *lebendigen* Gott entgegen", das heißt: dem Gott, der an *seinem* Leben Anteil gibt.

Die *zweite Strophe* (V. 6–8) setzt mit einer Seligpreisung all derer ein, in denen – wie im Beter des Psalms – die Sehnsucht nach der Gotteserfahrung im Heiligtum brennt und die sich deshalb auf den (realen oder geistlichen) Pilgerweg machen. Die Formulierung „die Pilgerwege in ihrem Herzen haben" (V. 6 b) ist zwar in der Exegese immer wieder durch Textänderung „verbessert" worden (der große Psalmenkommentator H. Gunkel sagt zu V. 6 b: „Chausseen kann man beim besten Willen nicht im Herzen tragen"), doch begegnet diese Metapher auch anderswo (z. B. in Jer 31, 21). Nicht um die Straßen, sondern um das Gehen auf ihnen geht es. Glücklich gepriesen werden in V. 6 Menschen, deren Herz voll ist von der Vorstellung, daß ihr ganzes Leben ein „Pilgerweg" zum lebendigen Gott ist – und die darin Kraft und Stärke finden. Genau diese Idee wird ja in V. 7–8 bildreich entfaltet. Auch hier ist der überlieferte Text wieder in Frage gestellt worden, zumal schon die antiken Übersetzungen (Septuaginta, Vulgata) in V. 7 a aus dem „Tal der Dürre" ein „Tal der Tränen" machen (dies *„vallis lacrimarum"* wanderte dann in das *Salve Regina* und in die verbreitete Metapher vom „Tränental" bzw. „Jammertal"). Folgt man dem überlieferten hebräischen Text und liest beziehungsweise übersetzt „Baka-Tal", ergibt sich ein guter Sinn. „Baka" ist nicht eine Anspielung auf das hebräische Wort für „weinen", was zur Übersetzung „Tränental" führte, sondern bezeichnet eine Staude, die nur in dürren, wasserlosen Regionen wächst. „Baka-Tal" ist dann nicht ein lokalisierbares Tal in der Umgebung von Jerusalem oder irgendwo in Israel, sondern ist eine Metapher für „Tal der Dürre" bzw. „Tal des Todes" (vgl. Ps 23,4: „Tal der Finsternis/des Unheils"; nicht „finstere Schlucht", wie die Einheitsübersetzung sagt). Ist dies gemeint, wird der Text sehr plastisch: Wenn Menschen, die von Sehnsucht nach Gott bewegt sind, Regionen des Todes betreten, verwandeln sie diese Wüsteneien in paradiesische Oasen, wo Wasser des Lebens (V. 7 b: „Quellgrund") entspringen. Nehmen wir V. 6–7 zusammen, wird gesagt: „Die, welche in Gott den Quell ihrer Kraft finden, machen auch die schlimmsten Lebenswege zu Pfaden des Heils für sich selbst und das Reich Gottes überhaupt" (E. König). Der Psalm steigert sogar noch: Wessen Herz von der Sehnsucht nach dem lebendigen Gott erfüllt ist, trägt in sich eine Lebenskraft, die schier unerschöpflich und unermüdlich ist: „Sie gehen/wandern von Kraft zu Kraft" (V. 8 a), das heißt: „Anders als der gewöhnliche Reisende, dessen Kraft sich erschöpft, je länger er unterwegs ist, kennt der Pilger kein Müdewerden; er wandert vielmehr mit stetig zunehmender Kraft seinem schönen und großen Ziel entgegen" (S. Loersch). Das ist die Erfahrung aller Liebenden. Die echte Sehnsucht setzt ungeahnte Kräfte frei – und macht die Welt zum vielgestaltigen Hinweis auf den geliebten Menschen. So ist es auch mit der Sehnsucht nach Gott: „Die auf Gott hoffen, schöpfen immer wieder neue Kraft; sie entfalten Schwingen den Adlern gleich. Sie laufen und werden nicht müde, sie gehen und werden nicht matt" (Jes 40,31). Das ist die „Energie", die sie beflügelt – „bis sie erscheinen (dürfen) vor Gott in Zion" (V. 8b). Dies ist typische Wallfahrtsterminologie und heißt in der Vollform: „bis sie erscheinen (dürfen) vor Gottes Angesicht" (z.B. Ex 34,23 und besonders Ps 42,3).

Die *dritte Strophe* (V. 9–13) bringt zunächst in V. 9–10 die „Audienz-Bitte" an JHWH, dessen schützende Funktion mit der Metapher „Schild" beschworen wird. Ob in V. 10b ein amtierender König Israels gemeint ist (dazu müßte der Psalm freilich vorexilisch sein!), ob hier der Hohepriester im Blick ist (dagegen spricht die Königstitulatur „Gesalbter") oder ob hier auf ein „neues" Königtum gehofft wird, das der besonderen Zuwendung des Zions-Gottes bedarf (was mir am wahrscheinlichsten scheint), muß hier offen bleiben. Wichtiger ist, was diese Strophe insgesamt über die Wirkmächtigkeit des Zions-Gottes verheißt: Er ist „Sonne", das heißt immer neu aufgehende Quelle des Lebens und des Rechts (vgl. Ps 19; Mal 3,20), und „Schild", das heißt Schutz vor feindlicher, tödlicher Bedrohung (vgl. Ps 3,4; 18,3.31; 28,7). Ob es da noch verwundert, daß ein einziger Tag des Hineintauchens in diese Lebensfülle besser und wünschenswerter ist als ein sicherer Dauerplatz in den Zelten des Frevels (vgl. V. 11)? Daß der Psalm mit der Seligpreisung derer schließt, die ihre ganze Existenz als Unterwegssein zu *diesem* Gott begreifen und leben, läßt in christlichen Psalmenbetern gewiß die Seligpreisungen am Anfang der Bergpredigt (vgl. Mt 5,3–12) wach werden.

Kontext

Die dem Psalm durch die Sammler (sekundär) vorangestellte Überschrift ordnet ihn der Gruppe der „Korachiten-Psalmen" zu. Diese finden sich im Psalmenbuch als zwei auch sprachlich und thematisch gut erkennbare Psalmengruppen: Ps 42–49 und Ps 84–85.87–88. Sie sind alle (im einzelnen unterschiedlich stark) von den für die Zionstheologie typischen Vorstellungen geprägt: Der Zion ist der Ort, auf dem der Tempel als Residenz des Weltkönigs JHWH liegt und von dem aus er sein Volk, ja die ganze Welt ordnet und segnet. Den Tempel auf Zion und die Gottesstadt hat JHWH erwählt, um sich hier in besonders intensiver Weise als Geber und Schützer von Leben zu erweisen. Von daher lebt in den Frommen Israels die Sehnsucht, diese Nähe Gottes auf dem Zion buchstäblich zu erfahren, sei es durch einen Gang/durch eine Reise zum Tempel, sei es durch eine „geistliche" Wallfahrt. Unser Psalm 84 war für beides geeignet – für eine real vollzogene und/oder für eine geistlich erlebte Pilgerfahrt zum Gott des Zion.

Psalm 84 eröffnet die zweite Korachitenpsalmengruppe 84–85.87–88 des Psalters, die in der Anordnung der einzelnen Psalmen und in ihrer Theologie der ersten Korachitenpsalmengruppe Ps 42–49 sehr ähnlich ist. Vieles spricht dafür, daß die Teilgruppe Ps 84–88 die ihr vorgegebene Komposition Ps 42–49 nachgeahmt hat. Daß beide Gruppen trotz ihrer Verwandtschaft nicht von der gleichen Hand und zur gleichen Zeit zusammengestellt wurden, ist daraus zu erschließen, daß die Psalmen 84–88 nicht wie Ps 42–83 – wie die Forschung es nennt – elohistisch bearbeitet sind, das heißt: Während in den Psalmen 42–83 eine Redaktion den Gottesnamen JHWH weitgehend durch den Gattungsbegriff Elohim = Gott ersetzt hat, gebrauchen Ps 84–88 wieder den Gottesnamen JHWH.

Die Parallelität in Anlage und Theologie der beiden Korachitenpsalmengruppen 42–49 und 84–88 hat zur Folge, daß sie im vorliegenden Psalmenbuch (um ein Bild aus der Kirchenbaukunst zu gebrauchen) zwei gleiche *äußere* Seitenschiffe neben dem Zentralschiff der Davidsammlung Ps 51–72 und den beiden (ungleich breiten) *inneren* Seitenschiffen der Asafpsalmen Ps 50 und Ps 73–83 bilden.

Von dieser Anlage her entsprechen sich Ps 42/43 und Ps 84 als Eröffnungspsalmen der jeweiligen Komposition. Beide Psalmen sind individuelle Gebete (Sprecher ist ein lyrisches Ich) der Sehnsucht nach der Begegnung mit dem Zions-Gott, vor dessen Angesicht der Beter erscheinen möchte (vgl. Ps 42,3.6.12; 43,5; 84,8). Im ganzen Psalter steht die Gottesbezeichnung „lebendiger Gott" (El) *nur* in diesen beiden Psalmen (42,3; 84,3). Beide Psalmen artikulieren die Sehnsucht mit dem Bild „der Seele", die vor Verlangen beinahe stirbt. In beiden Psalmen treibt diese Sehnsucht zur realen bzw. geistlichen Wallfahrt zum Zion. Beide Psalmen wissen um das Geheimnis, daß der Zions-Gott Licht und Schutz ist – und daß er vom Zion her die Menschen geheimnisvoll anzieht, auch wenn sich in beiden Psalmen das Leiden darüber ausspricht, daß die Beter noch nicht „zu Hause" bei ihrem Gott sind.

Dieses Leiden an der Trennung vom (geliebten) Gott steigert sich in den beiden folgenden Psalmen 44 bzw. 85. Es sind kollektive Klagen darüber, daß Gott sich von seinem Volk abgewandt habe, daß das Volk sich von ihm verworfen fühle und daß es statt seiner beglükenden Gnade seinen unbegreiflichen Zorn erfahren habe. Und zugleich halten beide Klagepsalmen 44 und 85 daran fest, daß das letzte und entscheidende Wort Gottes seine Güte (*chäsäd*: 44,27; 85,11) sein wird.

Auf diese Klagen (Ps 44 und Ps 85,2–8) folgen dann hymnische Psalmen (Ps 45–48 und Ps 85,9–14; 87), die als Antwort auf die Klage über die Gottverlassenheit gelesen werden wollen. Sie feiern die Vollmacht des Zions-Gottes, der das den Zion umbrandende Chaos bändigt und seinem Volk Frieden stiftet (Ps 45–48), ja den Zion zur Lebensquelle für alle Völker macht (Ps 87). Es ist in Ps 87 JHWH selbst, der den Mitgliedern der vielen Völker das Bürgerrecht seiner Gottesstadt zuerkennt, indem er sie eigenhändig in die „Bürgerliste" einträgt: „JHWH zählt, wenn er die Völker aufschreibt: ‚Der ist dort [nämlich: in Zion] geboren'" (Ps 87,6). Das also ist die Sehnsucht „der Seele", die sich in Ps 42/43 und in Ps 84 ausspricht, wenn sie als Anfangspsalmen der Komposition 42–49 und 84–88 gebetet werden: Es ist die Sehnsucht danach, daß der Zions-Gott am Zion und vom Zion aus die verfeindeten Völker friedlich zusammenführt – zum Heil der Welt (vgl. die ähnliche Vorstellung in Jes 2,1–5; Mi 4,1–5).

Daß die Komposition jeweils mit einem Psalm schließt, der über die Vergänglichkeit des Lebens und über den Tod klagt (Ps 49; 88), mag angesichts des vorangehenden hymnischen Höhenflugs überraschen. Aber dies ist die realistische Welt- und Lebenssicht des Ersten Testaments: Es weiß um den Tod mitten im Leben – und konfrontiert *so* Gotteslob und Gottesanklage, nicht als Nein zu Gott, sondern als Ausdruck unerschütterlicher Hoffnung gerade angesichts einer feindlichen Welt.

Von dieser Konzeption her lädt das Psalmenbuch also dazu ein, in der Abfolge der Psalmen 42–49 und Ps 84–85. 87–88 den Weg von der Gottessehnsucht (42/43; 84) und von der Klage über die Gottverlassenheit (44; 85,2–8) zur begeisterten Freude über die Heilszusagen des Zions-Gottes (45–48; 85,9–14; 87) gerade angesichts des Wissens um den Tod (49; 88) meditierend zu gehen – und bei den „Todespsalmen" 49; 88 angelangt, wieder von vorne, eben bei Ps 42/43 und Ps 84 zu beginnen: „Es sehnt sich, es verzehrt sich meine Seele nach dir, dem lebendigen Gott" (Ps 84,3).

Psalm 63

1 *Ein Psalm im Hinblick auf/von/für David. Als er in der Wüste Juda war.*

2a *Gott, mein Gott bist du, ich suche dich.*
2b *Es dürstet nach dir meine Seele.*
2c *Es schmachtet nach dir mein Leib,*
2d *im Land der Dürre, des Ermattens, ohne Wasser.*
3a *So habe ich dich im Heiligtum geschaut,*
3b *habe gesehen deine Macht und Herrlichkeit:*
4a *Ja, deine Güte ist besser als das (bloße) Leben,*
4b *meine Lippen werden dich rühmen.*
5a *So werde ich dich preisen mit meinem Leben,*
5b *in deinem Namen werde ich erheben meine Hände.*

6a *Wie mit Fett und Mark sättigst du meine Seele,*
6b *und mit jubelnden Lippen will mein Mund lobpreisen.*
7a *Wenn ich deiner gedachte auf meinem Lager,*
7b *in den Nachtwachen über dich murmelte:*
8a *Ja, du bist mir Hilfe geworden,*
8b *und im Schatten deiner Flügel will ich jubeln.*
9a *Es hängt sich meine Seele an dich,*
9b *es hält mich fest deine Rechte.*

10a *Doch jene, die ins Verderben meine Seele wünschen,*
10b *werden eingehen in die Tiefen der Erde.*
11a *Sie werden hingegeben der Gewalt des Schwertes,*
11b *Anteil der Schakale werden sie sein.*
12a *Doch der König wird (soll) sich freuen in Gott,*
12b *es wird (soll) sich lobpreisen jeder, der bei ihm schwört.*
12c *Ja, gestopft wird der Mund der Lügenzeugen.*

Einführung

In diesem Psalm überlagern sich mehrere *Bildwelten.* Wie in den Psalmen 27 und 84, die wir im Vorangehenden betrachtet haben, ist die Bildwelt von dem im Heiligtum erfahrbaren Gott unübersehbar. Ja, das Wissen um die Zuwendung dieses Gottes scheint dem Beter die eigentliche „Lebensqualität" zu sein. Die Erinnerung an die Augenblicke solcher Gotteserfahrung und die Meditation des Geheimnisses, von Gott angenommen und geliebt zu sein, macht ihn glücklich und läßt ihn jubeln. Ob das Bild vom schützenden „Schatten der Flügel" Gottes ebenfalls auf den Schutz des Heiligtums anspielt oder ob hier nicht eher das Bild von der Vogelmutter, die mit ihren mächtigen Schwingen ihre Vogelkinder schützt, im Hintergrund steht, ist schwer zu entscheiden. Gleichwohl ist deutlich: Es ist eine Metapher des schützenden und rettenden Gottes.

Im Kontrast zu diesen Bildern des Glücks stehen Bilder massiver Not. Gleich zu Beginn wird das Bild eines Menschen sichtbar, der am Ende seiner Kraft ist. Er ist in einer ausgetrockneten, wüstenhaften Gegend unterwegs, wo es kein Wasser gibt – und er bräuchte unbedingt Wasser, das ihn vor dem Tod des Verdurstens und des Kollapses rettet. Es scheint, daß er von Feinden verfolgt wird, die ihn zu Tode hetzen wollen.

Vom Schluß des Psalms her wirkt die Bildwelt eines Gerichtsverfahrens in den Psalm zurück. Da ist nicht nur von einem Lügenzeugen die Rede. Auch „der König" scheint hier als Rechtsinstanz bzw. als Garant der Rechtsordnung gemeint zu werden. Ebenso könnte die in V. 12 b genannte Gruppe, „die bei ihm (König? Gott?) schwört", auf ein Gerichtsverfahren anspielen.

In der Bibelwissenschaft sind unterschiedliche Wege beschritten worden, um diese Vielgestaltigkeit des Psalms zu erklären. Es gibt Versuche, durch Umstellungen oder

Textänderungen einen stimmigeren Text herzustellen. Schon H. Gunkel hatte nämlich gemeint: „Der überlieferte Text macht den Eindruck der Zusammenhanglosigkeit." Ich halte solche Versuche für nicht akzeptabel. Ein anderer Deutungsansatz versteht die Heiligtums- und Gerichtsaussagen nicht als Bilder, sondern als Widerspiegelung eines institutionellen Vorgangs. In dieser Sicht ist der Psalm dann ursprünglich als Gebetsformular für Tempelasylanten entstanden, die auf ihr Gerichtsverfahren am Heiligtum warten. Freilich ist letztere Einrichtung in der Bibelwissenschaft recht umstritten. Mir scheint am wahrscheinlichsten, daß unser Psalm als Vertrauensgebet für Menschen gedacht ist, die sich von allen Seiten verfolgt und verlassen erfahren, die buchstäblich am Ende ihrer Kraft sind – und denen der sehnsuchtsvolle Gedanke an ihren Gott die letzte Rettung geblieben ist.

Der so verstandene Psalm gliedert sich in die *drei Teile* V. 2–5. 6–9. 10–12. Als Gliederungssignal dient vor allem die Metapher „Seele" (V. 2: dürstende „Seele"; V. 6: hungernde „Seele"; V. 10: sterbende „Seele"). Man kann darüber diskutieren, ob V. 12ab auf eine Redaktion zurückgeht, die damit eine Verklammerung zu Ps 61,7f herstellen wollte (vgl. dazu unten „Kontext").

Auslegung

Der *erste Teil* des Psalms (V. 2–5) beschwört die Güte JHWHs als höchstes Gut im Leben eines Menschen. Ohne seinen Gott geht dieser Mensch buchstäblich zu Grunde. Er „braucht" Gott wie das lebensrettende Wasser, nach dem ein Verdurstender auf dem langen Marsch durch die wasserlose Wüste lechzt (vgl. Ex 17,1–7; Num 20,1–13). Gott selbst ist dem Beter dieses Wasser des Lebens (vgl. Ps 23,2). *So* hat der Beter ihn in seinem Leben bereits erfahren – und an dieser Erfahrung, die ihm im Tempelbezirk zuteil wurde (vgl. Ps 27 und 84), hält er sich nun in der Stunde der Not und der Angst fest. Gerade jetzt geht ihm auf, daß er nicht einfach „überleben" will, sondern wie wichtig für ihn ist, daß die Herrlichkeit Gottes ihn anstrahlt. Jetzt, wo er mit seiner eigenen Kraft am Ende ist, weiß er um die Kraft, die ihm aus der Gewißheit zuwächst, daß Gott eben „*sein* Gott" sein will. Das meint ja das Wort „Güte" (*chäsäd*): Der biblische Gott sucht die Gemeinschaft und Nähe gerade der Bedrängten und Geängsteten – bedingungslos und „umsonst", eben weil dies *seine* Göttlichkeit ausmacht. Das will (und soll) der Beter, so sagt V. 5, *mit* seinem Leben bezeugen, das heißt nicht nur sein ganzes Leben lang, sondern noch mehr durch die konkrete Gestalt seines Lebens, das er, wie V. 2 a betont, letztlich und zutiefst als Gott-Suche begreift. Das in V. 2 a gebrauchte Zeitwort meint ein gespanntes Ausschau halten nach der Morgenröte, die der Nacht ein Ende setzt und zugleich einen verklärenden Glanz verbreitet (vgl. Ps 57,9). Diese erste Strophe des Psalms geht also betend den Weg aus der Not (V. 2) über die Erinnerung an bereits erfahrene Gottesnähe (V. 3) zur Gewißheit, daß der biblische Gott die, die sich an ihn halten, nicht verläßt (V. 4), und gipfelt schließlich in dem Versprechen, von diesem Gotteswissen in einem mit Gott gelebten Leben Zeugnis abzulegen (V. 5).

Der *zweite Teil* des Psalms (V. 6–9) wiederholt abermals diese Bewegung. Er setzt wieder mit einer Not-Metapher ein, wobei sich diesmal bereits die Überwindung der Not vollzieht. Das Festhalten an der Gottesnähe hat sich dem Beter als Kraft mitgeteilt. Die Gottes-Erinnerung hat ihn satt gemacht. „Fett" und „Mark" waren damals, wo Fleisch als Nahrung eine Seltenheit war, besonders geschätzt. Das ist in unserer kalorienbewußten Überflußgesellschaft nicht mehr so leicht nachvollziehbar. Gleichwohl brauchen auch heute noch

Menschen, die schwere, körperliche Arbeit verrichten, fette Nahrung, die länger vorhält (so sagt man wenigstens). So hat unser Beter seinen Gott erfahren als kräftigende, begehrte und festliche (vgl. Gen 45,18) Nahrung, die ihn stark macht für die Schwerstarbeit seines Lebens. Schon allein das Eingedenken an Gott und das murmelnde Aufsagen der Rettungsgeschichten über den Gott Israels, sogar in der Schlaf- und Ruhelosigkeit der Nacht (vgl. V. 7), haben ihm Gott als Hilfe und Schutz nahegebracht (V. 8). Hier wird bildhaft auf den Punkt gebracht, was wir in theologischer Sprache sagen: Der biblische Gottesgedanke ist ein zutiefst praktischer Gedanke; er verändert und prägt unser Leben. Aus dieser Erfahrung erwächst eine geradezu wechselseitige Beziehung zwischen dem Beter und seinem Gott. Seine Seele „hängt sich an" diesen Gott. Das Verbum „sich hängen an" bezeichnet in Gen 2,25 die enge Lebensgemeinschaft zwischen Mann und Frau. Im Buch Deuteronomium wird damit die exklusive Loyalität und Treue Israels zu seinem Gott ausgedrückt (vgl. Dtn 4,4; 10,20; 11,22 u.ö). Und umgekehrt weiß der Beter diese seine leidenschaftliche Hinwendung zu Gott von diesem angenommen: „Es hält mich fest (und führt mich) deine Rechte" (V. 9b). In der altorientalischen Bildwelt ist es eine Auszeichnung des Königs/des Pharao, daß der Reichsgott ihn bei der Rechten ergreift und auf seinem Weg begleitet. Dies ist nach Jes 42,6 auch der Gestus, mit dem JHWH seinen Gottesknecht erwählt. *Dieser* Form der besonderen göttlichen Zuwendung weiß sich unser „einfacher" Beter gewiß. Der biblische Gott ist der Gott der „kleinen Leute", vor allem, wenn sie in Not sind.

Angesichts solcher Gottesgewißheit verlieren, so unterstreicht der *dritte Teil* des Psalms (V. 10–12), die Feinde ihren lähmenden, tödlichen Schrecken. Diese „Todesmenschen" und „Lügenzeugen" werden durch ihre eigenen Waffen zunichte werden. Sie dürfen und werden nicht das letzte Wort haben. Uns mögen diese Gewaltbilder am Schluß des Psalms irritieren. Aber wir dürfen nicht übersehen: Das sind Wünsche und Bilder aus der Perspektive eines Opfers. Und noch mehr: Der Beter selbst wird hier nicht zum Täter.

Kontext

Die dem Psalm von den Redaktoren vorangestellte Überschrift V. 1 zeigt an, daß der Psalm nun auch als Teil der Davidpsalmensammlung Ps 51–72 gelesen werden soll, die durch ihre Überschriften „Von/für David" als Psalmengruppe gekennzeichnet ist. Die Zuweisung an „David" fehlt nur in den Psalmen 66 und 67 sowie in Psalm 71, der von der Komposition her eng mit dem „Davidpsalm" 70 verklammert ist. Psalm 72 trägt die Überschrift „*Für* Salomo" und will als Bittgebet des altgewordenen David (vgl. Ps 71) für seinen Sohn und Nachfolger Salomo meditiert werden. Am Ende von Ps 72 steht dann die Unterschrift: „Zu Ende sind die (Bitt-)Gebete Davids, des Sohnes Isais." Diese Unterschrift faßt die Psalmengruppe Ps 51–72 als „Davidpsalter" zusammen. Es ist im vorliegenden Psalmenbuch damit der zweite „Davidpsalter". Der erste „Davidpsalter" umfaßt Ps 3–41. Beide Davidpsalter haben unterschiedliches poetisches und theologisches Profil.

Der zweite Davidpsalter gibt bei mehreren seiner Psalmen in der Überschrift einen Hinweis, der den Psalm in die überlieferte Biographie Davids einordnet. Natürlich dürfen wir diese Angaben nicht so umsetzen, als habe der historische David den betreffenden Psalm in dieser Situation verfaßt oder rezitiert. Keiner der überlieferten Psalmen ist so alt, daß er von David stammen könnte. Und doch sind es auch für uns Psalmen „Davids". David ist hier der ideale, königliche Psalmenbeter – unser „Vorbeter" und zugleich die messianische Gestalt, mit der wir beispielhaft die Gott-Suche nacherleben und erhoffen. Die in den Überschriften genannten Situationen aus dem Leben Davids, die eine Art Midrasch sind, wollen Meditationshinweise sein: „Wenn du die existentielle Tiefe des Psalms erahnen und erfassen willst, versetze dich in die Situation, wie sie die Überlieferung erzählt, als David ..." In unserem Psalm 63 verweist die Überschrift „Ein Psalm Davids, als er in der Wüste Juda war" auf die in 2 Sam 15,13–17,23 erzählte Geschichte der Flucht Davids aus Jerusalem vor seinem Sohn Abschalom.

Die Bibelwissenschaft nennt diese nachträgliche Anbindung der Psalmen an David bzw. an eine bestimmte Situation seiner überlieferten Biographie „Davidisierung" der Psalmen. Die Redaktoren ließen sich bei ihrer Suche nach einem nachvollziehbaren „Sitz" im Leben Davids beim jeweiligen Psalm zunächst gewiß von Intuition leiten. Das ist in unserem Falle gut vorstellbar. Der Beter ist fern vom Tempel, den er liebt und an dem er die Nähe Gottes erfahren hatte. Er ist am Ende seiner Kraft „im Land der Dürre" – und er setzt alle seine Hoffnung darauf, daß sein Feind, der ihn verleumdet und verfolgt, scheitern wird. Die Revolte Abschaloms, der seinem Vater David das Königtum entreißen will und einen großen, mit Militär unterstützten Staatsputsch begonnen hat, bietet einen „vorstellbaren" Hintergrund für unseren Psalm. Das 2. Samuelbuch erzählt, daß David vor Abschalom in die Wüste Juda flieht und nun darüber hin- und hergerissen ist, was er tun soll und wie es weitergeht. Besonders eindrucksvoll ist die in der Überlieferung (2 Sam 15,25f) herausgestellte Hoffnung Davids, daß er die Lade Gottes im Jerusalemer Zeltheiligtum wieder sehen werde, wenn es JHWHs Wille sei: „Wenn ich in den Augen JHWHs Gnade finde, wird er mich zurückführen und mich die Lade und ihre Stätte wiedersehen lassen. Wenn er aber sagt: ‚Ich habe an dir keinen

Gefallen!', gut, dann mag er mit mir machen, was ihm gefällt."

Die Redaktoren haben sich bei ihrer nachträglichen Anbindung von Psalm 63 an die Abschalomgeschichte darüber hinaus auch durch mehrere sprachliche Gemeinsamkeiten zwischen Ps 63 und 2 Sam 15,13–17,23 leiten lassen (Motiv der Ermattung Ps 63,2; 2 Sam 16,2.14; „der König": Ps 63,12; 2 Sam 15,15f). Insbesondere wird sie der Ausgang der Revolte beeindruckt haben. Die Abschalomgeschichte ist geradezu eine Beispielerzählung für den biblischen Satz: Wer zum Schwert greift, wird durch das Schwert umkommen (Mt 26,42; vgl. Ps 63,11 mit 2 Sam 18,14f).

Psalm 63 gibt der Erzählung in 2 Sam eine neue Tiefendimension: „Das eigentlich Schmerzliche für David bei seiner Flucht vor Abschalom sind nicht die Verfolgung oder der drohende Verlust des Königtums, sondern vielmehr der Verlust der Nähe Gottes, dessen Huld ihm mehr wert ist als das Leben (Ps 63,4)" (M. Kleer).

Durch die biographische Überschrift wird unser Psalm zum Zitat, das nun seinerseits von denen, die heute den Psalm beten, re-zitiert wird. Das ist ein sehr bedeutungsvolles Geschehen: Wer die Psalmen Davids re-zitiert, verzichtet vor Gott auf eigene Worte und stellt sich in die Reihe derer, die von Generation zu Generation so gebetet haben. Das ist dann zwar nicht mehr originell, aber originär. Und dabei wird sichtbar: Psalmenbeten ist ein Akt *echter* Demut – sogar dann noch, wenn es im Protest gegen Gott geschieht.

III. Gottesfinsternis

Als die sechste Stunde kam, brach über das ganze Land eine Finsternis herein. Sie dauerte bis zur neunten Stunde. Und in der neunten Stunde rief Jesus mit lauter Stimme: Eloï, Eloï, lema sabachtani?, das heißt übersetzt: Mein Gott, mein Gott, warum hast du mich verlassen? Einige von denen, die dabeistanden und es hörten, sagten: Hört, er ruft nach Elija! Einer lief hin, tauchte einen Schwamm in Essig, steckte ihn auf einen Stock und gab Jesus zu trinken. Dabei sagte er: Laßt uns doch sehen, ob Elija kommt und ihn herabnimmt. Jesus aber schrie laut auf. Dann hauchte er den Geist aus. Da riß der Vorhang im Tempel von oben bis unten entzwei. Als der Hauptmann, der Jesus gegenüberstand, ihn auf diese Weise sterben sah, sagte er: Wahrhaftig, dieser Mensch war Gottes Sohn. Auch einige Frauen sahen von weitem zu, darunter Maria aus Magdala, Maria, die Mutter von Jakobus dem Kleinen und Joses, sowie Salome; sie waren Jesus schon in Galiläa nachgefolgt und hatten ihm gedient. Noch viele andere Frauen waren dabei, die mit ihm nach Jerusalem hinaufgezogen waren (Mk 15,33–41).

Psalm 85

1 *Für den Chorleiter. Von den Korachiten.*

2a *Du hast (wieder) Gefallen gefunden, JHWH, an deinem Land.*
2b *Du hast wiederhergestellt den Ur-Anfang Jakobs.*
3a *Du hast vergeben die Schuld deines Volkes.*
3b *Du hast zugedeckt all ihre Sünde. SELA.*
4a *Du hast zurückgezogen deinen Grimm.*
4b *Du hast dich abgewandt von der Glut deines Zornes.*
5a *Stelle uns wieder her, Gott unseres Heils,*
5b *und brich dein Zürnen mit uns.*
6a *Ob du uns auf ewig zürnen willst,*
6b *hinziehen willst deinen Zorn von Geschlecht zu Geschlecht?*
7a *Ob du uns nicht wieder beleben willst,*
7b *daß dein Volk sich freue an dir?*
8a *Laß uns sehen, JHWH, deine Güte*
8b *und dein Heil gib auf uns.*

9a *Ich will hören, was Gott (El) redet,*
9b *JHWH, fürwahr, redet Frieden*
9c *zu seinem Volk und zu seinen Getreuen,*
9d *doch sie sollen nicht zurückkehren zur Torheit.*
10a *„Wahrlich, nahe ist denen, die ihn fürchten, sein Heil,*
10b *daß die Herrlichkeit wohne in unserem Land.*
11a *Güte und Treue (Wahrheit) sind sich begegnet!*
11b *Gerechtigkeit und Frieden haben sich geküßt/bekämpft.*
12a *Treue (Wahrheit) sproßt aus der Erde hervor,*
12b *und Gerechtigkeit schaut hernieder vom Himmel.*
13a *Ja, JHWH gibt Gutes,*
13b *und unser Land gibt seinen Ertrag.*

14a Gerechtigkeit geht vor seinem Angesicht her.
14b Und er setzt auf den Weg seine Schritte.“
(14b ? und Frieden folgt dem Weg seiner Schritte“.)

Einführung

Psalm 85 besteht aus den *zwei Teilen* V. 2–8 und V. 9–14. Diese Zweiteilung wird zunächst durch die jeweils unterschiedliche Sprechrichtung angezeigt: V. 2–8 redet JHWH in der 2. Person an, V. 9–14 redet über JHWH in der 3. Person. Ein unüberhörbares Strukturalsignal, das den Beginn eines neuen Teils markiert, ist die für ein prophetisches Heilsorakel typische (vgl. Hab 2,1, aber auch Ps 81,6) Redeeinleitungsformel in V. 9a. Die beiden Teile sind ihrerseits nochmals zweigegliedert, so daß eine vierstrophige Gesamtkomposition entsteht.

Der erste Teil besteht aus den zwei Strophen V. 2–4 und V. 5–8. Die *erste Strophe (V. 2–4)* erhält ihr besonderes sprachliches Profil durch die Abfolge der Verb-Formen in Vergangenheit, jeweils in Spitzenposition, die das Handeln JHWHs herausstellen. Diese Strophe hat die Sprechsituation Du (JHWH) – Sie (dein Land, dein Volk, ihre Sünde). Davon hebt sich die *zweite Strophe (V. 5–8)* deutlich ab. Sie setzt mit zwei „den Gott unseres Heils" anredenden Bitten ein (V. 5). Es folgen zwei mit Fragepartikel eingeleitete Fragen (V. 6–7). Die Strophe wird dann, entsprechend ihrem Anfang, wieder mit zwei Bitten geschlossen (V. 8); beide richten sich an JHWH. Die Funktion der Fragen zwischen den sie rahmenden Bitten ist offensichtlich; sie sollen JHWH bedrängen, das in den Bitten beschworene Handeln endlich zu verwirklichen. Die spiegelbildliche (chiastische) Struktur dieser Strophe (Bitten – Frage – Frage – Bitten) wird durch die mit den beiden Außenparallelismen (V. 5 und V. 8) gebildete Rahmung unterstrichen (Stichwortbezug „Heil": V. 5 a und V. 8 b; Kontrast „dein Zürnen" – „deine Güte": V. 5 b und V. 8 a). Diese zweite Strophe hebt sich durch ihre Sprechsituation Du (JHWH) – Wir bzw. Uns (die Sprecher des Psalms) von der ersten Strophe ab. Beide Strophen sind sprachlich und motivlich aufeinander hingeordnet („wiederherstellen": 2 b. 5 a; Gotteszorn: 4 b. 6 ab).

Der zweite Teil besteht aus den Strophen V. 9–10 und V. 11–14. Hier hebt sich zunächst die *vierte Strophe (V. 11–14)* durch ihr eigenes sprachliches und vorstellungsmäßiges Profil ab. Sie bietet ihre Heilsschilderung durch eine Abfolge von Verbalsätzen (V. 11: Vergangenheit; V. 12–14: Gegenwart/Zukunft), während die Heilsschilderung in V. 10 mit einem Nominalsatz und davon abhängigem Infinitiv(satz) gegeben wird. Die Strophe V. 11–14 bildet auch in poetisch-rhetorischer Hinsicht eine Einheit. Die beiden äußeren Parallelismen V. 11 und V. 14 zeigen die Gestalten von Güte, Treue, Gerechtigkeit und Frieden, die einherwandeln, sich treffen und sich küssen. Die beiden dazwischen stehenden Parallelismen V. 12–13 sind von der Bildwelt Wachstum, Fruchtbarkeit und Ernteertrag bestimmt. Sie sind ihrerseits nochmals spiegelbildlich gestaltet. V. 12: aus der Erde heraus – vom Himmel herab; V. 13: JHWH gibt (vom Himmel herab) – unser Land gibt (aus der Erde heraus). Damit liegt auch (wie in der 2. Strophe) die spiegelbildliche (chiastische) Struktur ABBA vor. Die vorausgesetzte Sprechsituation ist von V. 13 her Er – Wir. Allerdings sind neben bzw. mit JHWH als handelndem Subjekt die Gestalten von Güte, Treue, Gerechtigkeit und Frieden nicht zu übersehen.

Die *dritte Strophe (V. 9–10)* hat eine viel komplexere Struktur: Mehrzeilige Redeeinleitung (V. 9) und emphatisch eingeführte („wahrlich") Zusammenfassung der Gottesbotschaft (V. 10). Daß und wie sich das in V. 10 angekündigte Nahekommen des Gottesheils verwirklicht, wird dann eben in der 4. Strophe V. 11–14 entfaltet.

Dabei ist die Verwendung der Vergangenheitsformen in V. 11 als Rückbezug auf die Vergangenheitsformen in der ersten Strophe interpretatorisch auszuwerten.

Psalm 85 ist ein durch und durch adventlicher Psalm, der sich ausstreckt nach der Vollendung des Heilshandelns des nahekommenden Gottes, wie es V. 10 in Aufnahme der Heilsverheißungen vor allem des Jesajabuchs verkündet: „Wahrlich nahe ist sein Heil" (vgl. Jes 46, 13; 51, 5; 56, 1). Es ist ein Heil, das nach V. 12 kosmische Dimensionen hat und dem entspricht, was abermals im Jesajabuch „neuer Himmel und neue Erde" (vgl. Jes 65, 17–25) heißt.

Freilich: Diese Schau der endgültigen Vollendung steht in unserem Psalm im Kontrast zu einer leidvollen Gegenwart. Aus ihr steigt die leidenschaftliche Bitte auf, JHWH möge doch endlich diese verheißene Zukunft kommen lassen: „Stelle uns wieder her, Gott unseres Heils!" (V. 4). Am Verständnis dieser Bitte entscheidet sich das Gesamtverständnis dieses Psalms, über das es in der Bibelwissenschaft zwei unterschiedliche Richtungen gibt. Dies wird schon an den Übersetzungen deutlich.

Übersetzt man wie die Einheitsübersetzung „Gott, unser Retter, richte uns wieder auf" oder wie die Lutherbibel „Hilf uns, Gott, unser Heiland", geht es „nur" um das Ende einer Not, in der sich das Volk gerade befindet. Da in V. 2 das gleiche Zeitwort steht (von den beiden Übersetzungen freilich anders wiedergegeben; Einheitsübersetzung: „Du hast Jakobs Unglück gewendet"; Lutherbibel: „Du hast erlöst die Gefangenen Jakobs"), muß der Inhalt der Bitte von dort her bestimmt werden. Wenn es in V. 2 also um „Wende eines Unglücks" oder um „Erlösung aus der babylonischen Gefangenschaft" geht, zielt die Bitte in V. 5 und damit unser Psalm insgesamt darauf, JHWH möge die mit dem Ende des Exils *begonnene* Heilswende doch endlich fortsetzen. Es ist dann gewissermaßen eine „realistische" Heilsbitte.

Versteht man dagegen das hebräische Zeitwort in V. 2b und im Sinne unserer Übersetzung als „Wiederherstellen des Ur-Anfangs", dann ist es eine eschatologische (man könnte auch sagen „utopische": vgl. dazu die „Auslegung") Heilsbitte: Es geht dann um die Wieder-Holung des im wahrsten Sinne des Wortes „wundervollen" Anfangs der Beziehung zwischen Gott und seinem Volk – ja zwischen Gott und seiner Schöpfung. In anderer Sprache könnte man sagen: Es geht um die Entsprechung von Urzeit und Endzeit. Es geht um die Vollendung des am und als Anfang gesetzten Heiles.

Dieses endgültige Heil wird in V. 2–4 als bereits geschehen geschaut. Die Vergangenheitsformen dieses Abschnitts sind das „prophetische Perfekt". Sie formulieren die verheißene Zukunft als von Gott her bereits geschehen, weil *von ihm* beschlossen. Und um die Erfüllung *dieser* Verheißung bittet der Psalm in dem Abschnitt V. 5–8, der die Charakteristika eines „Volksklagelieds" aufweist. Der erste Teil hat also eine spannungsvolle Struktur: V. 2–4 ist hymnisches Bekenntnis des endgültigen Heils und als solches Voraussetzung und Fundament der in V. 5–8 folgenden Klage.

Der sich dann anschließende zweite Teil des Psalms (V. 9–14) will als Antwort Gottes auf die Klage V. 5–8 verstanden werden. In der Sache (und an den sprachlichen Gemeinsamkeiten ablesbar) ist es eine Bekräftigung der in V. 2–4 formulierten Zukunftsvision.

Auslegung

Der *erste Teil des Psalms V. 2–8* orientiert sich am Aufbau der Volksklagelieder. In diesen folgen, wie Ps 80 zeigt, Rückblick auf grundlegende Heilserweise JHWHs (Ps 80,9–12: Exodus und Landnahme) *und* Bitte um JHWHs rettendes Eingreifen (Ps 80,12–16: Bitte um Fürsorge für den bei der Landnahme eingepflanzten Weinstock Israel) *so* aufeinander, daß die Bitte im geschichtstheologischen Rückblick gründet: JHWH soll handeln, wie er vormals gehandelt hat. Er soll seine einmal eingegangenen Verpflichtungen erfüllen. Er soll sich selbst und Israel treu bleiben.

Es gibt, wie wir bereits angedeutet haben, *eine Auslegungsrichtung*, die den Zusammenhang der beiden Abschnitte V. 2–4 und V. 5–8 genau nach diesem Muster versteht. V. 2–4 erinnere JHWH an sein vergangenes Handeln an Israel und V. 5–8 fordere JHWH auf, dieses Heilshandeln endlich weiterzuführen und zu vollenden. V. 2–4 erinnere an das Ende des babylonischen Exils, das man gemäß den großen Prophetien Deutero-Jesajas (Jes 40–55) als die große Heilswende gefeiert habe. Doch die Realität sei dann doch recht enttäuschend gewesen. Zwar war das Exil „offiziell" durch die Perser beendet worden. Doch stellte sich keine politische Freiheit ein; Israel blieb unter persischer Fremdherrschaft. Zwar war der Tempel wieder auferbaut worden, aber der erhoffte Anbruch der Königsherrschaft JHWHs und der universale Friede unter den Völkern waren ausgeblieben. Und in Israel selbst brachen erneut gesellschaftliche Zerklüftungen und religiöse Streitigkeiten auf. Aus dieser Diskrepanz zwischen großartigen Verheißungen und enttäuschenden Erfüllungen sei die Bitte von V. 5–8 zu verstehen. Dementsprechend wird dann auch V. 2 bzw. V. 5 übersetzt: „Du hast Jakobs Unglück gewendet" – „Gott, unser Retter, richte uns wieder auf" (Einheitsübersetzung). Diese Übersetzung (und das dadurch ausgelöste Verständnis) ist allerdings wenig wahrscheinlich: Die hebräische Wortverbindung in V. 2b meint nicht einfach irgend eine „Schicksalswende", sondern: „Wiederherstellung des Früheren", „Wieder-Holung des Anfangs" (*so* ist das Zeitwort u. a. auch in Ps 126, 1. 4 zu verstehen). Ist dies gemeint, dann kann in V. 2 eben nicht auf die Schicksalswende des Exils angespielt sein, weil sie gerade *nicht* als Rückkehr des „Ur-Anfangs" erfahren worden war. Und überdies fehlt im Übergang von V. 2–4 nach V. 5–8 ein Hinweis darauf, daß es nach der „Wende" wieder abwärts gegangen sei, wie dies z. B. in Ps 80,13f analog der Fall ist.

So erscheint es mir richtiger, den ersten Teil des Psalms im Sinne einer *anderen Auslegungsrichtung* zu verstehen, wonach *der Abschnitt V. 2–4* eine Zukunftsschau in prophetischem Perfekt ist, aus der sich die Bitte des Volkes an JHWH ergibt, die Erfüllung dieser Utopie endlich in Gang zu setzen – und nicht „auf ewig" damit zu warten. Der große Psalmenforscher Hermann Gunkel hat diese Deutung klassisch formuliert: „Der erste Teil 2–4, der wie ein gewaltiger Trompetenstoß einsetzt, verkündet das ... Heil im vollen Ton prophetischer Gewißheit; es ist ja den Propheten eigen, daß sie nicht wie andere Sterbliche das Kommende als zukünftig vor sich, sondern als bereits vollzogen hinter sich schauen ... Jahve hat dem Lande sein Erbarmen wieder zugewandt: das jetzt verwüstete und verödete, in dem nur noch Trümmer an die frühere Herrlichkeit erinnern, ist dann wieder wie einst von den blühenden Städten und fruchtbaren Äckern bedeckt. Die große ‚Wendung des Geschickes' Jakobs, d.h. die Wiederherstellung des Volkes, nach der man sich jahrundertelang so heiß gesehnt hat, ist geschehen: Israel gegenwärtig unter der Knechtschaft der Heiden, geschwächt und zertreten, ist dann wieder, wie einst in Davids verschollenen Tagen ... Die Schuld, die es so lange hindurch getragen hat, ist jetzt vergeben und vergessen und Jahves Zorn, der grimmig auf ihm lastete, ist endlich dahin! Das schaut der Blick des Propheten in der Zukunft" – und weil diese für den Propheten *feststeht*, *stellt* er sie als schon gekommen *fest*. Unser Psalm erinnert Gott also an die von ihm gegebenen großen Verheißungen der endzeitlichen und endgültigen „Wiederherstellung" Israels als des „Erstlings" der gelungenen Gottesbeziehung. Der Psalm weiß um die Sünde Isaels und um die Strafgerichte Gottes. Aber er weiß noch viel mehr um die Verheißung der Sündenvergebung als Grundlage einer Erneuerung, die einer Rückkehr des Ur-Anfangs gleichkommt. In anderer Sprache könnte man sagen: Dies ist eine „eschatologische" Verheißung, die der Verheißung des Neuen Bundes (vgl. Jer 31,31–34) nahekommt, der nicht an die Stelle eines „abgetanen Alten" tritt (wie immer noch einige besonders „christliche" Alttestamentler in ihrer theologischen Judenfeindschaft predigen), sondern der die Wiederkehr des Alten mit eschatologisch-neuer Lebenskraft ist.

Um diese tiefgreifende Erneuerung bittet der *Abschnitt V.5–8*. Er appelliert an JHWH als den „Gott des Heils" (vgl. die Rahmung durch das Wort „Heil" in V.5a und V.8b), der sich als solcher dadurch erweisen soll, daß er seine Güte und Liebe über seinen berechtigten Zorn siegen läßt – und Israel aus dem Tod zum Leben hinüberführt. Der Abschnitt ist sprachlich schön gestaltet: Die beiden äußeren Paralellismen sind Bitten, deren Dringlichkeit durch die dazwischen stehenden vorwurfsvollen Fragen („ob du ...") unterstützt wird. In der eröffnenden Bitte „Stelle uns wieder her" (V.5a) wird einerseits die prophetische Zukunftsschau von V.2b sprachlich aufgenommen. Andererseits ist eine kleine Differenz nicht zu übersehen: Das Nomen „Ur-Anfang" wird nicht aufgenommen. Es ist wie in Ps 126: Israel bittet darum, daß JHWH bei Israel mit seinem Erneuerungswerk *anfangen* soll, damit *so* die endzeitliche Wiederherstellung des Ur-Anfangs anbricht, der auf das Heil der ganzen Schöpfung zielte.

Der *zweite Teil des Psalms V.9–14* ist Antwort auf die Bitte des ersten Teils. Sie wird in V.9 ausdrücklich als Wort Gottes präsentiert. Mit „Ich will hören, was Gott redet" wird in Hab 2,1 ein dem Propheten zuteil gewordenes Gotteswort eingelcitet (vgl. auch Ps 50,7a; 81,6b; 95,7b). Es ist freilich nicht mehr, wie in der vorexilischen Prophetie, ein Wort der Anklage, das dem Volk seine Untreue gegenüber dem Bundesgott und den Mächtigen ihre soziale Ungerechtigkeit als Grund für den Zorn Gottes und die fortwährende Notsituation vorhalten würde. Nein, V.9b charakterisiert es ausdrücklich als „Friedensbotschaft". Dabei muß das Wort *schālōm* der Hebräischen Bibel in seinem umfassenden Sinn gehört werden. Es meint ein Geschehen, das dem Volk als ganzem *und* jedem/jeder einzelnen (vgl. V.9c) all dies *bringt*, was alle brauchen, um zufrieden, glücklich und heil zu sein – und zwar in solcher Fülle, daß alle „genug" haben. Geradezu beschwörend stellt V.9 dieses Friedens- und Heilswort Gottes der in der klagenden Bitte V.5–8 sich aussprechenden „realistischen" Situationsbeschreibung entgegen. Dort ist ja nicht nur von einer punktuellen Notsituation die Rede, sondern davon, daß „das Heil" so lange auf sich warten läßt. Ja, in diesem Abschnitt klingen die bange Sorge und der leise Zweifel durch, Gottes Heil könne sich „auf ewig" verzögern.

Auf diese Sorge antwortet unser Psalm in V.10–14 mit prophetischer Autorität. Was der Psalm verkündet (wenn man sich unseren Psalm liturgisch inszeniert vorstellen will, müßte hier eine Einzelstimme auftreten, die der chorisch vorgetragenen Bitte V.5–8 antwortet; bei dieser Annahme könnte man sich dann auch V.2–4 von einer Einzelstimme gesprochen denken; wahrscheinlicher aber präsentiert sich unser *Psalm selbst* als aktuell ergehendes Gotteswort – der Psalm *ist* Prophetie!), ist wie ein Kompendium der großen Heilsverheißungen der biblischen Prophetie, vor allem des Jesajabuchs (V.10: Jes 46,13; 51,5; 56,1; V.11–12: Jes 45,8; V.14: Jes 40,3–4; 43,16.19; 51,10; 52,12) und des Zwölfprophetenbuchs (vgl. u.a.

Hos 2,21–25; Joel 2,18–27; Am 9,13–15; Mi 7,18–20). Was sich vielfach in den Psalmen zeigt (und was uns Alfons Deissler, der „Altmeister" der Psalmenauslegung, so eindrucksvoll erschlossen hat), ist in unserem Psalm buchstäblich zu greifen: Die Psalmen sind betende Aneignung *und* Aktualisierung des prophetischen Gottesworts. Daß unser Psalm in V. 10–14 auch auf die Segensverheißung Lev 26,3–13 (vgl. besonders Lev 26,4.6.12) anspielt, ruft zugleich das Fundament des Ur-Anfangs in Erinnerung, mit dem unser Psalm ja einsetzt.

Der erste Satz des prophetischen Gottesworts (V. 10) widerspricht ausdrücklich der (damals wie heute verbreiteten) Meinung, das verheißene Heil bleibe nicht nur schon viel zu lange aus, sondern komme überhaupt nicht. Dem setzt V. 10 seine Doppelbotschaft entgegen: (1) „Das Heil" (wörtliche Aufnahme der Bitte V. 5 und V. 8) ist nahe, es *ist* im Kommen – und zwar in denen, die sich ihm öffnen und sich von ihm ergreifen lassen (V. 10a: „die JHWH fürchten"; Gottesfurcht nicht als Begriff für „Angst", sondern für einen Glauben, der sich voll in Dienst nehmen läßt). (2) Gottes „Herrlichkeit" werde dauerhaft „im Lande" wohnen (Aufnahme von V. 2). Gottes Herrlichkeit *(kābōd)* meint die erfahrbare Gegenwart Gottes. *Daß* und *wie* Gottes Lebensmächtigkeit in seinem Volk und in dieser Welt wirkt und erfahrbar wird, ist das große Thema der biblischen Erzählungen über den „Ur-Anfang" des Bundes Gottes mit seinem Volk. Insbesondere die Sinaierzählungen stellen heraus, daß Gott in seiner „Herrlichkeit" mitten unter seinem Volk Wohnung nehmen will (Ex 25,8; 29,43–46) und daß diese seine Herrlichkeit die Gestalt von Güte, Treue und Sündenvergebung hat (vgl. Ex 34,6f).

Der Schlußabschnitt V. 11–14 beschreibt in einer kunstvollen Komposition das Nahekommen des Heils. Während die beiden mittleren Parallelismen V. 12–13 mit Metaphern des Wachstums und der Ernte von Treue und

Gerechtigkeit eine kosmische Wiederherstellung der Schöpfung ansagen, zeichnen die beiden äußeren Parallelismen V. 11 und V. 14 (beachte auch die Stichwortbezüge) mit dem Stilmittel der Personifikation das geradezu gestalthafte Kommen der Gaben und Wirkweisen Gottes bzw. Gottes selbst. Dabei hebt V. 11 (wie V. 2–4) mit dem prophetischen Perfekt noch einmal hervor, daß dieses Kommen Gottes bereits begonnen hat. Denn die vier Gestalten „Güte" und „Treue" (bzw. „Wahrheit"), „Gerechtigkeit" und „Frieden" (das erste Paar: Aspekte der Liebe und Barmherzigkeit; das zweite Paar: Aspekte des Rechts und der umfassenden Lebensordnung) sitzen nicht untätig irgendwo in Wartestellung, sondern sie haben sich zusammengetan, um als Wegbereiter und Begleiter des auf die Welt kommenden Gottes das als Uranfang gesetzte Heil Wirklichkeit werden zu lassen (V. 14). Daß unser Psalm gerade diese vier Wirkweisen Gottes auswählt und sie gemeinsam auftreten läßt (zur Mehrdeutigkeit des Wortlauts vgl. zum „Kontext"), unterstreicht die Dramatik des Geschehens, von dem hier die Rede ist.

Kontext

Die Psalterredaktion hat die beiden Korachitenpsalmen Ps 84 und Ps 85 nicht ohne Absicht hintereinandergestellt und auf sie den Korachitenpsalm 87 folgen lassen. Der „Davidpsalm" 86 ist dann später dazwischen gestellt worden. Ohne daß dies hier weiter erläutert werden kann, soll gesagt sein: Ps 86 stiftet dem Zusammenhang eine deutliche „messianische" Perspektive ein, die den Bogen nach Ps 72 und nach Ps 89 schlägt.

Psalm 84 ist ein Psalm, in dem ein betendes „Ich" sich nach der Begegnung mit dem lebendigen Gott sehnt und sich auf den Weg macht, diesem zu begegnen. Psalm 85 ist in seinem ersten Teil die sehnsuchtsvolle Bitte einer Gemeinschaft („Wir") um das Geschenk der Wiederbelebung durch Gott (Ps 84,3: „Mein Herz und mein Leib *schreien* dem *lebendigen* Gott entgegen; Ps 85,4: „Ob du uns nicht wieder *beleben* willst, daß dein Volk sich freue an dir?"). Die Antwort, die Ps 85,9–14 gibt, ist auf der Ebene der Psalmenanordnung nun auch als Antwort auf Ps 84 zu lesen. Das wird nicht nur durch die den beiden Psalmen gemeinsamen Stichworte „Herrlichkeit" (84,12; 85,10) und „JHWH gibt Gutes" (84,12; 85,13) unterstrichen, sondern noch mehr durch das Motiv „Gehen", das beide Psalmen spannungsreich verbindet: Ps 84 zeichnet das Bild von Menschen, die zum Zionsgott „gehen" (84,8) und die in Vollkommenheit ihren Lebensweg überhaupt „gehen" (84,12). Ps 85 kulminiert im Bild vom einherschreitenden Gott, der auf seinem Weg begleitet wird von Gerechtigkeit und Frieden. Liest man beide Psalmen als redaktionellen Zusammenhang, ergibt sich also das spannungsreiche Geschehen, daß die Menschen und Gott aufeinander zugehen: Wo dies geschieht, kommt in der Tat das Heil.

Wie dramatisch es dabei zugeht, deutet Psalm 85 in einer eigenartigen Formulierung an, die offensichtlich gezielt mehrdeutig bleiben soll und als solche auch in der jüdischen Überlieferung herausgestellt wird. V. 11 kann nämlich auf zweifache Weise verstanden werden (vgl. auch oben unsere Übersetzung): Es kann sich um ein sehr harmonisches oder um ein eher streitbares Zusammentreffen der vier Gestalten Güte, Treue (Wahrheit), Gerechtigkeit und Frieden handeln. Diese vier müssen zusammenkommen, wenn das Gottes-Heil, wenn Gott selbst kommen soll. „Aber wie? Kuß oder Kampf – die Frage ist noch immer offen. Zunächst ist festzuhalten, daß jene vier Grundworte und -werte nicht *eo ipso* beieinander sind. Es gibt – nur wenige ... Kombinationen seien angedeutet – ebenso eine lieblose Wahrheit wie eine unwahre Freundlichkeit. Wie es Gerechtigkeit ohne Liebe gibt (war nicht auch Robespierre ein Anwalt der Gerechtigkeit?), so gibt es einen Frieden um den Preis der Wahrheit – und allemal auch umgekehrt. Wie also steht es mit dem ‚und', das die vier verbindet? Ein wichtiger Aspekt der Rede von den Grundwerten in Ps 85 ist der Verweis auf die Problematik dieses ‚und'. Gegenüber diesem Aspekt ist die Entscheidung, ob Gerechtigkeit und Frieden einander küssen oder einander bekämpfen, ob Liebe und Wahrheit einander treffen oder aufeinandertreffen, in gewisser Weise zweitrangig. Denn je nachdem, wie man Treffen und Begegnung versteht, beziehen sie sich auf unterschiedliche Punkte *innerhalb des gleichen Vorgangs*. Liest man ‚küssen', so wäre die Utopie an ihrem Ziel, liest man ‚kämpfen', so begönne das allemal konfliktreiche Aufeinandertreffen erst. Es gibt also Gründe für die Annahme, daß hier ein Fall vorliegt, bei dem das Offenhalten der Alternative(n) (Kuß und/oder Kampf – Einander-Treffen oder/und Aufeinandertreffen) die größere Genauigkeit bewahrt" (J. Ebach).

Wo es echten Streit um die Wahrheit gibt, ohne daß daraus Krieg wird, ist das Heil Gottes im Kommen. Wo die Leidenschaft der Güte entbrennt, ohne daß darüber die Treue vergessen wird, ist das Heil Gottes im Kommen. Wo für Gerechtigkeit gekämpft wird, ohne daß die Barmherzigkeit auf der Strecke bleibt, ist das Heil Gottes im Kommen. In diesem Sinn ist unser Psalm eine Absage an alle allzu einfachen („fundamentalistischen") Lösungen sowie an ein einseitiges „fundamentalistisches" Gottesbild – und zugleich ein Werben für ein komplexes Gottesdenken, das Gott noch die Freiheit beläßt, für eine Überraschung gut zu sein.

Ein Midrasch illustriert *diese* Freiheit Gottes mit Anspielung auf Ps 85,11 folgendermaßen: „Es sagte R. Schimon: Als der Heilige, gepriesen sei er, kam, den ersten Menschen zu erschaffen, da bildeten die Dienstengel

Gruppen und Parteien. Die einen davon sagten: ‚Er werde erschaffen!', die anderen sagten: ‚Er werde nicht erschaffen!' Es heißt ja: Liebe und Wahrheit stießen aufeinander, Gerechtigkeit und Frieden bekämpften sich. Die Liebe (chäsäd) sagt: ‚Er werde erschaffen, denn er wird Liebeswerke vollbringen!' Die Wahrheit ('ämät) sagt: ‚Er werde nicht erschaffen, denn er ist ganz und gar Lüge!' Die Gerechtigkeit (ṣädäq/ṣ^{e}dāqā) sagt: ‚Er werde erschaffen, denn er wird Werke der Nächstenliebe (ṣ^{e}dāqōt) vollbringen!' Der Friede (schālōm) sagt: ‚Er werde nicht erschaffen, denn er wird ganz und gar streitsüchtig sein!' Was tat der Heilige, gepriesen sei er? Er nahm die Wahrheit und warf sie auf die Erde. Es sagten die Dienstengel vor dem Heiligen, gepriesen sei er: ‚Herr der Welten, warum erniedrigst du sie, die über deinen Ordnungen steht? Laß doch die Wahrheit von der Erde aufsteigen!' Es heißt ja: Die Wahrheit sprieße von der Erde empor! Während die Engel noch diskutierten, schuf der Heilige, gepriesen sei er, den Menschen. Er sprach zu den Dienstengeln: ‚Was nützt euch eure Diskussion? Der Mensch wurde bereits erschaffen.'"

Daß es uns Menschen gibt, bestätigt also alle *vier* Engel. Und zugleich macht der Midrasch deutlich: Bisweilen muß Gott um einer eindeutigen Praxis willen alle noch so gelehrten Theorie- und Theologiediskussionen unterlaufen. Sonst gäbe es z.B. den Menschen nicht. Und sonst wäre Gott zwar der Gott der Philosophen und Theologen, aber nicht der Gott Abrahams, Isaaks und Jakobs – und der Gott des umfassenden *schālōm*.

Psalm 102

1a *Bittgebet von/für einem/n Armen, wenn er kraftlos wird*
1b *und vor JHWH seine Klage ausschüttet.*

2a *JHWH, höre doch mein Bittgebet,*
2b *und mein Schreien – zu dir komme es.*
3a *Verbirg dein Angesicht nicht vor mir.*
3b *Am Tag, da ich in Not bin, neige zu mir dein Ohr,*
3c *am Tag, da ich rufe, eilends antworte mir.*

4a *Ja/denn geschwunden sind in Rauch meine Tage,*
4b *und meine Gebeine – wie ein Feuerherd sind sie durchglüht.*
5a *Versengt ist wie Gras und verdorrt mein Herz,*
5b *daß ich sogar vergaß, mein Brot zu essen.*
6a *Vom Herauspressen meines Stöhnens*
6b *klebt mein Gebein an meiner Haut.*
7a *Ich bin gleich geworden einer Dohle in der Wüste,*
7b *ich bin geworden wie eine Eule in den Ruinen.*
8a *Ich habe gewacht und ich bin geworden*
8b *wie ein vereinsamter Sperling auf einem Dach.*
9a *Den ganzen Tag haben mich verspottet meine Feinde,*
9b *die mich verhöhnen – mich haben sie im Fluch genannt.*
10a *Ja, Staub habe ich gegessen wie Brot,*
10b *und meinen Trank habe ich gemischt mit Tränen*
11a *wegen deines Grimmes und deines Zornes,*
11b *denn du hast mich aufgehoben und hast mich hingeworfen.*
12a *Meine Tage sind wie ein langgezogener Schatten,*
12b *und ich – wie Gras verdorre ich.*

13a *Du aber, JHWH – in Ewigkeit thronst du,*
13b *und das Gedenken an dich währt von Geschlecht zu Geschlecht.*
14a *Du – du wirst dich erheben, um dich Zions zu erbarmen,*
14b *wenn es Zeit ist, ihm gnädig zu sein,*
14c *wenn der (festgelegte) Zeitpunkt gekommen ist.*
15a *Ja, seine Steine haben deine Knechte liebgewonnen,*
15b *und mit seinem Trümmerschutt haben sie Mitleid.*
16a *Und die Völker werden den Namen JHWHs fürchten,*
16b *und alle Könige der Erde seine Herrlichkeit,*
17a *wenn JHWH (wieder) aufgebaut hat Zion,*
17b *er erschienen ist in seiner Herrlichkeit,*
18a *er sich zugewandt hat zum Bittgebet der/des Entblößten*
18b *und nicht verachtet hat ihr Bittgebet.*
19a *Aufgeschrieben sei dies für ein späteres Geschlecht,*
19b *und ein (neu) geschaffenes Volk – es wird preisen Jah:*
20a *„Ja, er hat herniedergeschaut von der Höhe seines Heiligtums,*
20b *JHWH, vom Himmel auf die Erde hat er geblickt,*
21a *um zu hören das Stöhnen des Gefangenen,*
21b *um zu öffnen den Kindern des Todes,*
22a *damit man in Zion verkünde den Namen JHWHs*
22b *und seinen Lobpreis in Jerusalem,*
23a *wenn sich gemeinsam versammeln Völker*
23b *und Königreiche, um JHWH zu dienen."*

24a *Er hat niedergedrückt auf dem Weg meine Kraft,*
24b *er hat verkürzt meine Tage. Ich sage: Mein Gott!*
25a *Nimm mich nicht hinweg in der Mitte meiner Tage:*
25b *Du, dessen Jahre von Geschlecht zu Geschlecht sind.*
26a *Voreinst hast du die Erde gegründet,*
26b *und Werk deiner Hände sind die Himmel.*

27a *Sie – sie vergehen, du aber – du bleibst,*
27b *sie alle – wie das Kleid zerfallen sie.*
27c *Wie ein Gewand wechselst du sie und sie werden erneuert.*
28a *Du aber – du bist derselbe,*
28b *und deine Jahre – sie enden nie.*
29a *Die Kinder deiner Knechte – sie werden dauerhaft wohnen,*
29b *und ihr Same wird vor deinem Angesicht Bestand haben.*

Einführung

Unser Psalm, der in der kirchlichen Tradition zu den sieben Bußpsalmen zählt, ist ein dramatisches Bittgebet, das einerseits die Vergänglichkeit des menschlichen Lebens, des Zions und der ganzen Schöpfung beklagt und das andererseits deren Hinfälligkeit zugleich der unendlichen Lebensfülle Gottes übergibt. Nach der Überschrift V. 1, die den Psalm als Bittgebet in tiefster Not kennzeichnet, setzt der Psalm in V. 2–3 mit der Anrufung Gottes und der Bitte um die Erfahrung seiner huldvollen Nähe ein. Dann folgt in V. 4–12 eine Notschilderung, in der der Beter sein physisch-psychisches Leiden (V. 4–6), seine soziale Isolation (V. 7–9) und sein Leiden an Gott (V. 10–11) beklagt – insgesamt, wie der den Abschnitt beschließende Vers 12 sagt, ein Leben ohne Licht und Kraft. In markantem Gegensatz dazu zeichnet der nächste Abschnitt V. 13–23 ein hoffnungsvolles Bild von JHWH, dem ewigen Weltenkönig, der sich dem verwüsteten Zion erbarmungsvoll zuwendet und ihn als Ort des Lebens wiederherstellt – nicht nur für sein Volk Israel, sondern für ein „neu geschaffenes Volk", zu dem Israel und die Völkerwelt im Lobpreis und Dienst

JHWHs zusammengeführt werden. Nach dieser Heilsvision kehrt der Psalm in V. 24 überraschend wieder zur Notschilderung des einzelnen Beters von V. 4–12 zurück und führt zur Bitte um Errettung vor der zerstörerischen Macht des ihn bedrängenden „Todes mitten im Leben" (V. 25 a). Er richtet diese Bitte an seinen Gott, dessen Lebensfülle er beschwört, indem er sie einerseits mit der Vergänglichkeit des Kosmos kontrastiert (V. 25 b–27 b) und indem er andererseits seine Hoffnung auf die erneuernde Schöpferkraft Gottes bekennt (V. 27 c–28). Angesichts dieser Hoffnung, deren heilsgeschichtliches Fundament in V. 13–23 entfaltet ist, kann der Psalm in V. 29 mit einem vertrauensvollen Ausblick schließen.

Der Psalm dürfte kaum eine ursprüngliche Einheit darstellen. Vor allem zwei Beobachtungsreihen sprechen dafür, daß ein „Grundpsalm" (V. 2–12. 25–28) kunstvoll zum nun vorliegenden Psalm umgestaltet wurde: Zum einen stehen im Psalm die Not eines Individuums („Grundpsalm") sowie die Zerstörung und Wiederherstellung Zions und seiner Bewohner (Erweiterung) ziemlich unvermittelt nebeneinander. Zum anderen liegen zwei deutlich unterschiedliche Sprach- und Bildfelder vor; während V. 2–12. 25–28 von weisheitlicher Vorstellungswelt geprägt ist, inspiriert sich V. 13–24. 29 auffällig stark an Sprache und Theologie des Jesajabuchs. Man kann mit guten Gründen annehmen, daß der in frühnachexilischer Zeit entstandene weisheitliche „Grundpsalm", eine sogenannte Vergänglichkeitsklage, um 300 v. Chr. zionstheologisch bearbeitet wurde, als er in das 4. Psalmenbuch Ps 90–106 aufgenommen wurde.

Ob sich von dieser Erweiterung auch in V. 3 und V. 27–28 Spuren erkennen lassen (was mir wahrscheinlich ist), braucht hier nicht weiter erörtert zu werden.

Insgesamt ist dies ein theologisch außergwöhnlich tief reflektierender Theodizee-Psalm, der wie das Buch Ijob die Widersprüchlichkeit beklagt, die in der nicht zu ändernden, sondern „nur" anzunehmenden Abhängigkeit der Schöpfung vom barmherzigen Schöpfergott mitgegeben ist.

Auslegung

Das Bittgebet beginnt programmatisch mit der Anrufung des Gottesnamens. Die daran in *V. 2–3* angebundene Abfolge von Imperativen macht deutlich: Es ist ein Gebet, das die Erfahrung der Nähe Gottes sucht, die dem Beter in seiner notvollen Situation verloren gegangen ist. Dieses Gebet ist unser Psalm selbst. Von seinem Gebet erhofft der Beter, daß es nicht ins Leere geht, sondern zu Gott gelangt (V. 2), von ihm teilnahmsvoll wahrgenommen (V. 3a), geduldig gehört (V. 3b) – und vor allem beantwortet wird, denn die Not hat ein schier unerträgliches Maß erreicht (V. 3c), ja sie erscheint geradezu tödlich, wie der Abschnitt V. 4–12 beklagt.

Dieser *Abschnitt V. 4–12*, der sich von den drängenden Imperativen in V. 2–3 durch seine Aussagesätze deutlich abhebt und der durch die beiden motivlich aufeinander bezogenen Verse 4 und 12 („meine *Tage*" = meine Lebenszeit, im Kontrast dazu „deine *Jahre*" = Lebenszeit Gottes: V. 25.28) gerahmt ist, beschreibt (ähnlich wie die Klagen Ijobs) in kontinuierlicher Steigerung die Ausweglosigkeit menschlicher Existenz, die von vielen Gesichtern des Leidens, ja des Todes bedroht ist.

Da ist zunächst die physisch-psychische Zerstörung (V. 4–6: Ich-Klage). Die Knochen/Gebeine, die dem Körper Standfestigkeit und Halt geben, glühen wie ein Feuerherd. Das Herz, die emotionale und intellektuelle Mitte, ist ausgebrannt und so lustlos, daß sogar das Essen nicht mehr schmeckt (vgl. demgegenüber Ps 104,15). Das Stöhnen wegen der körperlichen und seelischen Schmerzen hat dem Beter so viel Kraft und Substanz genommen, daß er nur noch Haut und Knochen ist. Es sind intensive Bilder des Zusammenbruchs und des Verfalls, mit denen das in V. 4a anskizzierte Bild von einem menschlichen Leben, das sich buchstäblich „in Rauch" auflöst, weiter ausgemalt wird.

Der Abschnitt V. 7–9 (V. 7–9: Feind-Klage) beklagt zunächst in drei Vergleichen aus der Vogelwelt die soziale Verlassenheit des Beters und kontrastiert sie mit der Verspottung durch Feinde, die ihn in ihren Flüchen als Beispiel des Verfluchtseins nennen. Die Bilder aus der Vogelwelt unterstreichen die Isolation, das Gehetztsein und die Angst. Dohle und Eule gelten als unreine Tiere; die dadurch bereits zum Ausdruck kommende „Unberührbarkeit" des Beters wird verschärft durch die (metaphorisch gemeinten) Ortsangaben „Wüste" und „Ruinen", wodurch Tod und Chaos anvisiert werden. Daß der Beter sich wie ein vereinsamter Klage-Vogel auf einem Dach empfindet, ist dichterische Verfremdung eines Totenklagebrauchs, zu dem man sich in Gemeinschaft auf dem Flachdach eines Hauses zu versammeln pflegte. Innerlich einsam und voller Ruhelosigkeit ist der Beter zugleich umgeben von Menschen, die ihn gerade in seinem Leiden verhöhnen und vor seiner menschlichen Würde keinen Respekt haben.

So wird der dramatische Höhepunkt der Klage vorbereitet, der im Abschnitt V. 10–11 (V. 10–11: Gott-Klage) das Leiden des Beters Gott selbst anlastet. Dabei darf hier der Protest gegen den Zorn und Grimm Gottes, als dessen Opfer sich der Beter fühlt, nicht vorschnell als „gerechte Strafe für Sünde" entschärft werden (in diesem Sinn wurde der Psalm dann als „Bußpsalm" gelesen). Von Sünde ist in unserem Psalm (anders als im verwandten Psalm 90) keine Rede. Im Gegenteil: Das in V. 11b gebrauchte Bild insinuiert eher die Rätselhaftigkeit und die Unbegreifbarkeit, mit denen der Beter Gottes Verhalten ihm gegenüber sieht: Zuerst hebt er ihn liebevoll empor (manche Ausleger übersetzen sogar: „du hast mich getragen") – und dann wirft er ihn zu Boden wie ein wertloses Gefäß. Daß ihn der Tod mitten im Leben gepackt hat, so daß er bereits den Staub des eigenen Grabes ißt (V. 10a: Anspielung auf Verwesung im Grab oder auf Trauerriten, bei denen man sich Asche auf das Haupt streut und sich im Staub wälzt) und die Tränen der Trauer über den eigenen Tod vergießt (V. 10b: Anspielung auf die Totenklage oder auf die Totenspeisung) – er kann die Zerstörung seines Lebens nicht anders verstehen denn als Auswirkung des göttlichen Zorns. Das ist sein eigentliches Leiden: Er leidet an seinem Gott selbst.

So bleibt ihm nur das Fazit von V. 12: Seine Lebenstage haben sich geneigt, weil seine Lebenssonne am Untergehen ist, so daß sie lange, dunkle Schatten wirft. Sein blühendes Leben verdorrt wie Gras – und hat man jemals schon erlebt, daß vertrocknetes Gras wieder grün werden könnte? Da hilft kein Wasser und kein Dünger mehr!

Die Existenzanalyse von V. 4–12 ist also einerseits erschreckend nüchtern: Menschliches Leben ist ein Sein-zum-Tod. Die Lebenszeit und die Lebensmöglichkeiten sind begrenzt. Dem Optimismus der weisheitlichen Theologie, wonach Leben auf Erfüllung angelegt ist, widerspricht unser Psalm mit massiven Bildern, die das vielfältige Mißlingen des Lebens ins Bewußtsein rufen sollen. Und dieses Mißlingen ist besonders deprimierend angesichts der Annahme, daß die Welt und das Leben eine gute Gabe Gottes sind. Aber andererseits will sich der Psalm mit dieser Erkenntnis nicht abfinden. Er will sich vor allem nicht abfinden mit der Vorstellung von einem zornigen Gott, der böswillig menschliches Leben zerstört. Wie Ijob (vgl. besonders Ijob 7 und 10) kämpft er deshalb um die Erfahrung, daß Gott ihm „mitten im Tod" nahe ist. Wir dürfen ja nicht übersehen: Der Psalm beginnt in V. 2–3 mit einer leidenschaftlichen Gott-Suche.

Dem Leiden an der Vergänglichkeit des Menschenlebens setzt der *zweigeteilte Abschnitt V. 13–18. 19–23* ein Gottes-Wissen entgegen, das sich einerseits aus der Exoduserinnerung und andererseits aus der Heilsbotschaft des sogenannten Deutero- und Tritojesaja nährt. Beide Überlieferungsstränge wissen von der rettenden Zuwendung JHWHs zu seinem notleidenden Volk und deuten diese Zuwendung als „Erscheinen" und Offenbarung der Herrlichkeit JHWHs.

Der erste Unterabschnitt (*V. 13–18*) betont in V. 13 zunächst die unendliche („ewige") Lebensfülle JHWHs und spielt dabei auf die im Gottesnamen JHWH zusammengefaßte Wirkmächtigkeit an. Nicht von ungefähr begegnet in dem Abschnitt V. 13–23 siebenmal (!) der Gottesname JHWH, und zwar in der kunstvollen Abfolge JHWH (V. 13a) – Name JHWHs (V. 16a) – JHWH (V. 17a) – Jah (V. 19b) – JHWH (V. 20b) – Name JHWHs (V. 22a) – JHWH (V. 23b). In dem mit diesem Namen bezeichneten Gottgeheimnis gründet die ganze Hoffnung Israels „von Geschlecht zu Geschlecht" (V. 13b), wie es in der von JHWH selbst dem Mose aus dem Dornbusch gegebenen Namensdeutung heißt: „JHWH – das ist mein Name in Ewigkeit und dies soll das Gedenken an mich sein von Geschlecht zu Geschlecht" (Ex 3, 15; vgl. die wörtlichen Entsprechungen in unserem Psalm V. 13). JHWH heißt: „Er ist (rettend) da", und zwar, wie V. 14 mit Anspielung auf die sogenannte Gnadenformel Ex 34, 6 herausstellt, als der barmherzige und gnädige Gott. Der Wiederaufbau des zerstörten Zion und das Erscheinen seiner Herrlichkeit (vgl. Ex 24, 16f; 29, 43–46; 40, 34f; Jes 60, 1f) wird von der Völkerwelt als Offenbarung eben dieses JHWH-Seins des Gottes Israels verstanden und führt zur Anerkenntnis *seines* Gott-Seins durch die Völker und Könige der Erde (vgl. Jes 59, 19; 66, 23).

Dieses Heilshandeln JHWHs am Zion wird zu einer Umwälzung der politischen Strukturen führen *(V. 19–23)*. Die Beziehung JHWH-Israel wird sich nun ausweiten. Das „neue Volk", das JHWH sich nun schafft, schließt auch jene Menschen aus den „Heidenvölkern" mit ein, die sich dem Lobpreis JHWHs anschließen, der in V. 20–23 wörtlich zitiert wird. Das ist in der Tat ein weltveränderndes Gotteswissen: Der wahre Gott ist der, der die Gefangenen befreit und die vom Tod Bedrohten aus ihren Gräbern herausführt (V. 20f). Die Wiederherstellung des Zion durch den gnädigen Exodusgott wird hier als Auslöser einer universalen Anerkenntnis des Weltkönigtums JHWHs verheißen – offensichtlich in einer Situation, in der *alles* gegen eine derartige Hoffnung sprach. Gleichwohl beschwört unser Psalm diese Gottesbotschaft und hält sie ausdrücklich schriftlich fest (V. 19). Im Rezitieren des „aufgeschriebenen" Psalms wird dann dieses Gottes-Wissen jeweils Wirklichkeit. Mehr noch: Wo und wenn dieser Psalm rezitiert wird, vollzieht sich bereits ansatzhaft die Erfüllung seiner Verheißung.

An diese Verheißung hängt der Psalm in seiner Endstrophe dann auch die Bitte des einzelnen Menschen *(V. 24–28)* an, der in V. 4–12 die Vergänglichkeit seines Lebens beklagt hat. V. 24 nimmt zunächst wieder diese Klage auf (vgl. die Stichwortanknüpfung „meine Tage") und verschärft sie mit Bildern eines gewalttätigen Gottes, die ein deutlicher Gegensatz zu dem in V. 13–23 entfalteten Bild vom barmherzigen Rettergott Zions sind. An *diesen* Gott appelliert der Beter nun auch für sich selbst: „*Mein* Gott bist du" bzw. „Erweise dich auch als *mein* Gott" – und reiß mich nicht heraus aus der Mitte meiner Tage (V. 25 a). Das ist keine Bitte um Bewahrung vor dem Sterben, sondern vor dem „Tod mitten im Leben" und vor einem jähen Tod, der ein Menschenleben zu einem Torso macht. Der Beter appelliert an einen Gott, auf dessen Schöpfermacht und Lebensfülle er setzt. Er kontrastiert *die Tage* des Menschenlebens mit den ewigen *Jahren* Gottes (vgl. Ps 90,4) – und überläßt es gewissermaßen Gott selbst, daraus die richtige Schlußfolgerung zu ziehen.

In der erweiterten Endgestalt wird diese „offene" Bitte von einem doppelten HoffnungsBekenntnis überlagert: *Vers 27c* setzt der Erfahrung, daß Himmel und Erde vergehen und wie ein Kleid zerfallen (V. 27 ab), die Hoffnung entgegen, daß dieses „Sterben" der Welt die ihr vom Schöpfergott geschenkte Erneuerung bewirkt. Und der abschließende *Vers 29*, der Jes 65,9 und 66,22 aufnimmt, erhofft für das (aus Israel und der Völkerwelt) „neu geschaffene Volk Gottes" eine Zukunft, die nicht mehr wie der „erste" Zion von Feindschaft und Zerstörung bedroht sein wird.

Kontext

Unser Psalm ist ein Teiltext des vierten Psalmenbuchs Ps 90–106, das sich von den drei vorangehenden Psalmenbüchern 3–41.42–72.73–89 durch sein anderes literarisches und theologisches Profil deutlich absetzt:

(1) Gegenüber den vorangehenden Psalmenbüchern, in denen beinahe alle Psalmen durch ihre Überschrift einem „Verfasser" (meist David, sonst den Korachiten bzw. Asaf) zugeordnet sind, sind die Psalmen des vierten Buchs überwiegend titellose oder anonyme Psalmen. Psalm 90 ist der einzige Mosepsalm des ganzen Psalters. Psalm 101 und Psalm 103 sind Davidpsalmen.

(2) Während in den ersten drei Psalmenbüchern Klage- und Bittgebete zusammengestellt sind, überwiegen im vierten Buch Hymnen und eine hymnische Grundstimmung.

(3) In thematischer Hinsicht ist das vierte Psalmenbuch stark vom universalen Königtum JHWHs be-

stimmt. In seiner Mitte steht die planvoll angeordnete Psalmenkomposition Ps 93–100, die JHWHs von Urzeit her gegründetes Königtum über die ganze Schöpfung sowie den Zion als Ort der Manifestation und Durchsetzung dieses Königtums über Israel und die Völkerwelt feiert. Im Horizont dieses theologischen Programms ist auch unser Psalm 102 zu sehen. Die Erweiterung des Grundpsalms zum nun vorliegenden Endpsalm (vgl. oben die „Einführung") hängt nachgerade mit seiner Einfügung in das vierte Psalmenbuch zusammen, wie zahlreiche motivliche Gemeinsamkeiten zeigen.

Das vierte Psalmenbuch will als Antwort auf die in Psalm 89, dem Schlußpsalm des vorangehenden dritten Psalmenbuchs, formulierte Klage über die Verstoßung des davidischen Königtums durch JHWH (vgl. Ps 89,39–52) verstanden werden: JHWH selbst wird nun die Königsherrschaft übernehmen und sich dabei eines erneuerten „messianischen" Königs bzw. Königtums bedienen. Auch unser Psalm ist, vor allem durch scine Erweiterung V. 3a. 13–24. 29, mit Ps 89 verbunden: Die beide Male vorausgesetzte Situation ist der zerstörte Zion (89,40f; 102,14f). Wie Ps 89 leidet auch der Beter von Ps 102 darunter, daß JHWH die (Lebens-)Tage verkürzt hat (89,46; 102,46) und daß er sein Angesicht verborgen hat (89,47; 102,3a). Und der Bitte von Ps 89, JHWH möge doch der Schmach *seiner Knechte* gedenken (89,51), antwortet Ps 102 mit dem Schlußbild, daß JHWHs *Knechte* in Frieden und dauerhaftem Glück wohnen werden (102,29).

Innerhalb der Komposition des vierten Psalmenbuchs selbst bildet Ps 102 mit seinem Vorgänger Ps 101 ein kompositionelles Paar. Ps 101 ist von seiner Überschrift her ein „Psalm Davids". Er inspiriert sich am Vorgang bzw. am Schema der Einzugsliturgie (vgl. Ps 15 und 24). Unter dieser Hinsicht schließt sich Ps 101 gut an Ps 100 an, wo die (Hei-den)Völker aufgefordert werden, die „Tore" des JHWH-Heiligtums zu betreten, um dort JHWH als dem Gott von Güte und Recht zu begegnen. Genau dieses „Programm" verkündet der davidische/königliche Beter in Ps 101. Szenisch gelesen steht der „David" von Ps 101 gewissermaßen an den Toren des Heiligtums und präsentiert die Einlaßbedingungen. Mehr noch: Dieser König stellt sich als ein Mann vor, der Recht und Gerechtigkeit mit Gewalt durchsetzen und Jerusalem als „Stadt JHWHs" erhalten will, indem er alle Übeltäter ausrotten will.

Ps 102 bildet dazu in mehrfacher Hinsicht einen Kontrast. Der Beter dieses Psalms, der von der Überschrift her als „Armer, der seine Klage ausschüttet" (so wird „David" in Ps 142,3 dargestellt), gekennzeichnet ist, trägt demgegenüber Züge des leidenden Gottesknechts des Jesajabuchs. Zion/Jerusalem ist zerstört, und seine Bewohner sind verschleppt und in Gefangenschaft. Die „Erneuerung" hängt nun nicht an der machtvollen Durchsetzung von Recht und Gerechtigkeit, sondern am Erbarmen und an der Gnade des Weltkönigs JHWH, der die Klage- und Hilfeschreie „des armen Königs" hört und in der Zuwendung zum verachteten, verspotteten und dem Zorngericht JHWHs verfallenen Israel das Grundprinzip *seines* Rechts offenbart: daß er dem Schwachen zum Recht verhilft, daß er Gefangenen Freiheit und Todgeweihten Leben schenkt (102,21). *Dies* sind gewissermaßen die „Einlaßbedingungen" in das Heiligtum des Zion- und Weltkönigs JHWH.

Psalm 88

1a Ein Lied. Ein Psalm. Von den Korachiten. Für den Chorleiter.
1b Nach der Weise „Krankheit“ zu singen. Ein Weisheitslied. Von Heman dem Esrachiter.

2a JHWH, Gott meiner Rettung!
2b Bei Tag schreie ich, in der Nacht vor dir.
3a Es komme vor dein Angesicht mein Bittgebet.
3b Neige dein Ohr meinem Schrei.
4a Denn gesättigt mit Übeln ist meine Seele,
4b und mein Leben hat das Totenreich berührt.
5a Zugerechnet worden bin ich zu denen, die in die Grube hinabsteigen,
5b ich bin geworden wie ein Mann, in dem keine Kraft mehr ist.
6a Unter den Toten ist mein Lager,
6b bin wie Erschlagene, die im Grab liegen,
6d derer du nicht mehr gedenkst,
6a sind sie doch von deiner Hand abgeschnitten.
7a Du hast mich versetzt in die tiefste Grube,
7b in Finsternisse, in Meerestiefen.
8a Über mich hat sich dein Grimm gelegt
8b und mit all deinen Wogen hast du mich niedergedrückt.
9a Entfernt hast du meine Vertrauten von mir,
9b du hast mich gemacht zum Abscheu für sie.
9c Ich bin gefangen und ich komme nicht heraus.
10a Mein Auge vergeht vor Elend.

10b Ich rufe dich, JHWH, an jedem Tag,
10b ich breite aus zu dir meine Hände.
11a Ob du für die Toten ein Wunder tust?
11b Oder stehen Totenschatten auf und loben dich?

12a *Ob erzählt wird im Grab deine Güte,*
12b *deine Treue im Ort des Untergangs?*
13a *Ob erkannt wird in der Finsternis dein Wunder*
13b *und deine Gerechtigkeit im Land des Vergessens?*

14a *Doch ich, zu dir, JHWH, schreie ich*
14b *und am Morgen gelange mein Bittgebet zu dir.*
15a *Warum, JHWH, verstößt du meine Seele,*
15b *verbirgst du dein Angesicht vor mir?*
16a *Elend (arm) bin ich und vergehend von Jugend an,*
16b *ich trage deine Schrecken, ich erstarre.*
17a *Über mich sind hinweggegangen deine Zornesgluten,*
17b *deine Schrecknisse haben mich zum Verstummen gebracht.*
18a *Umgeben haben sie mich wie Wasser jeden Tag*
18b *umflutet haben sie mich insgesamt.*
19a *Entfernt hast du von mir Freund und Gefährten,*
19b *meine Vertrauten – da ist nur noch Finsternis.*

Einführung

Dieser Psalm sucht *als Gebet* zusammenzuhalten, was für den Beter offenkundig nicht mehr zusammenhängt: Er setzt mit dem überlieferten Glaubenswissen ein, daß der biblische Gott ein Gott der Rettung ist und sich als solcher erfahren läßt; doch für den Beter unseres Palms gibt es diese Erfahrung nicht. Eigentlich gab es für ihn diese Erfahrung in seinem bisherigen Leben überhaupt noch nicht. Schlimmer noch: Was diesen Menschen umtreibt, ist nicht einfach die Abwesenheit oder die Verborgenheit seines Gottes. Er empfindet die Last und die Not seines Lebens, das eigentlich nur noch Sterben und hilfloses Warten auf den Tod ist, als Tat eben dieses Gottes. Mit erschreckender Direktheit macht der Psalm Gott selbst verantwortlich für das Leid, das über diesen Menschen hinwegtost wie eine gewaltige Sturmflut, in der der Leidende zunächst noch um Hilfe ruft, bis er schließlich verzweifelt und kraftlos verstummt ist. Das ist ja der Spannungsbogen des Psalms: Der Psalm beginnt mit dem Schrei nach dem Gott der Rettung, wiederholt und entfaltet in mehrfachen Anläufen diesen Schrei – und endet mit der erschütternden Feststellung: „da ist nur noch Finsternis". Während die biblischen Klagepsalmen sonst mit einem *irgendwie* positiven und hoffnungsvollen Schluß enden (Erhörungsgewißtheit: vgl. Ps 6,9–11; Versprechen zukünftigen Gotteslobes: Ps 7,18), bleibt unser Psalm auch an seinem Ende, was er von Anfang an ist: Protest gegen diese Art von Leben, das eigentlich Tod ist, und vor allem: massive Anklage Gottes.

Und dennoch gibt er seinen Gottesglauben nicht auf. Auch wenn alles in seinem Leben gegen die Annahme eines guten, zugewandten und rettenden Gottes spricht, sucht er seinen Gott – sucht er die Gewißheit, daß dieser Gott ihn hört, sieht und versteht. „Er gibt seinen Gott (noch) nicht auf, auch wenn die Ankündigung seines Erstarrens und die Beschreibung seines Verstummens (V. 16–17) andeuten, daß er diesem endgültigen Kommunikationsabbruch einem Gott gegenüber, der ihm bisher jede Kommunikation verweigert hat, ganz nahe gekommen ist. Es macht die Eigenheit dieses Psalms aus, daß er ohne versöhnlichen Ausklang in Schrecken vor diesem, in Anklage gegen und Schädigung durch diesen Gott schließt" (W. Groß).

Die Gliederung dieses kunstvoll gestalteten Psalms in die *drei Teile* (V. 2–10a. 10b–13b. 14a–19b) ist im Text deutlich angezeigt. Dreimal setzt die Gebetsbewegung mit dem Motiv „ich schreie, ich rufe" (V. 2. 10. 14) ein. Jedesmal richtet sich der Schrei an den Gottesnamen JHWH. Dieser begegnet jeweils nur an diesen drei Stellen; lediglich im dritten Teil steht der Gottesname noch ein zweites Mal (V. 15 a), wodurch die Dringlichkeit des Gottesschreis zum Ende des Psalms hin noch gesteigert wird. Das Motiv vom Schreien nach Gott wird an allen drei Stellen mit Zeitangaben verstärkt (V. 2 b: „bei Tag, in der Nacht"; V. 10 b: „an jedem Tag"; V. 14 b: „am Morgen").

Der erste und der dritte Teil sind an ihrem Anfang durch das Stichwort „es komme, es gelange mein Bittgebet" aufeinanderbezogen. Beide Teile haben auch gemeinsam, daß der Beter in ihnen sein Leben (Stichwort „meine Seele": V. 4 a und V. 15 a) unter der Überlast des Gotteszorns (V. 8 a. 17 a) beklagt und sich zugleich in schrecklicher, gottgewirkter Einsamkeit („du hast entfernt von mir meine Vertrauten": V. 9 a. 19 a) erlebt. Durch diese Bezüge zwischen den beiden äußeren Teilen wird der mittlere, kürzeste Teil herausgehoben. Er ist in der Tat die kompositionelle Mitte (wie so oft hat auch dieser Psalm einerseits eine lineare Struktur: vom Anfang zum Schluß, und andererseits eine konzentrische Struktur) und die „Sinnachse" des Psalms: Er allein bündelt positive Gottesaussagen (Wunder, Güte, Treue, Gerechtigkeit) – freilich in der Gestalt rhetorischer Fragen. Dennoch: Um *diese* Gotteshoffnung geht es unserem Psalmbeter. Von ihr will er nicht lassen. Auch wenn alles dagegen spricht.

Auslegung

Der *erste Teil des Psalms* (V. 2–10 a) und damit auch der Psalm selbst beginnt mit der Anrufung des Gottesnamens JHWH. So fangen biblische Klagegebete immer an: Sie sind kein richtungsloses Jammern, sondern sie suchen die Nähe des lebendigen Gottes. Das Leben ist für die Menschen der Bibel nur dann „Leben", wenn es Leben vor dem Angesicht Gottes ist. Genau dies ist die

Dramatik unseres Psalms. Einerseits weiß der Psalmbeter und will daran festhalten: Quelle und Kraft seines Lebens ist sein Gott; wo und wenn sein Leben gefährdet ist, kann Gott allein seine Rettung sein (V. 2–3). Andererseits ist er zutiefst von der Realität des „Todes mitten im Leben" bedrängt. Auch wenn er nach medizinischen Gesichtspunkten keineswegs im Sterben liegt, empfindet er sich als tot, wie er in V. 4–10 a mit einer Kaskade von Metaphern und Klagen entfaltet. Es sind Aussagen, die die zerstörerische Macht des unausweichlichen Todes in immer neuen Bildfetzen herausschreien. Diese Bilder darf man nicht so auflösen, daß man den Psalm *nur* als Gebet eines Schwerkranken auffaßt, die Krankheit dann sogar medizinisch bestimmt (z. B. jahrelanger Aussatz: wegen V. 9 und 16) und die übrigen Aussagen des Psalms dann entsprechend „auflöst". Nein, in diesem Psalm überlagern sich Bilder aus verschiedenen Erfahrungsbereichen, um den Schrecken des Todes, der *jedes* Leben (und auch *mein* Leben) bedroht, bewußt zu machen. Der Tod ist für ihn nicht „etwas", was nach dem Leben kommt und worüber man am besten nicht nachdenkt, solange man noch „lebendig" ist. Für die Menschen der Bibel ist der Tod eine Macht, die in vielen Gestalten urplötzlich im Alltag auftaucht, das Leben verwundet und das Leben „als Leben" vernichtet. Diese lebenzerstörende Übermacht des Todes erfährt der Mensch vor allem, weil und insofern er „Seele" ist. So übersetzen wir traditionell das in V. 4 a (und V. 15 a) stehende hebräische Wort *näfäsch.* Dieses Wort bezeichnet zunächst einmal die Kehle, also jenes Organ, durch das der Mensch sehr real „lebt": Mit der Kehle atmet, ißt, trinkt und spricht der Mensch. Und wo all dies nicht mehr geht, stirbt der Mensch. *Näfäsch* ist also das Organ des Lebenshungers und der Lebenssehnsucht. Wo dieses „Organ" des Menschen behindert wird, wird die Macht des Todes erfahren. Da berührt das Leben die Realität des Totenreichs

(V. 4). Da kann sich keiner selbst das Leben geben (V. 5). Nur Gott selbst, an dessen Lebensfülle alles Leben teilhat, kann hier die Lebenswende bewirken. Und nach diesem Gott schreit der Psalm, indem er Gott die ganze Widersprüchlichkeit und Brutalität dieses Lebens, das doch eigentlich keines ist, vorhält. Anders als in anderen Psalmen ist dieser Beter auch nicht bereit, eigene Schuld oder die Bösartigkeit von Menschen seiner Umgebung für diese schreckliche Situation verantwortlich zu machen. Nein: Gott selbst und er allein ist schuld an dieser Misere (V. 7–10 a).

Der *zweite Teil des Psalms (V. 10b–13)*, der wie der erste abermals mit einer Anrufung des Gottesnamens einsetzt (nun steht der Gottesname – bedeutsam genug – freilich nicht mehr an der ersten Stelle des Satzes), hält Gott die Absurdität seines göttlichen Verhaltens vor. Mit rhetorischen Fragen (die natürlich alle mit Nein zu beantworten sind) beschwört er das Bild jenes Gottes, den die großen Überlieferungen Israels verkünden – und das Gott selbst nun *ad absurdum* führt. In der Tat, wird alles Reden von einem Gott, der Wunder tut, der gütig und treu, gerecht und lebengebend ist, nicht zu Schall und Rauch, wenn es sich nicht im konkreten Alltag der einzelnen Menschen bewahrheitet? Und wie soll dieser Gott liturgisch gefeiert und wie soll von ihm katechetisch weiter erzählt werden, wenn niemand mehr sagen kann: *So* ist unser Gott. Ich habe es selbst erfahren. In der Tat: Können Tote einen Gott des Lebens bezeugen?

Und doch setzt der Psalm in seinem *dritten Teil (V. 14–19)* überraschend mit einem emphatischen „Dennoch" ein. Der Psalmbeter will und kann den Gott des Lebens nicht lassen und schreit nach ihm (der Gottesname JHWH rückt nun sogar in der hebräischen Wortabfolge nochmal weiter nach hinten) – auch wenn er ihn in seiner „Tod-Leben-Situation" nicht (mehr) wahrnimmt. In gesteigerter Anklage schreit er heraus, was ihn buchstäblich umbringt. Er will Steigerung der Lebensmöglichkeiten – und erfährt Zerstörung und Erstarren (V. 16). Er sieht sich den Fluten der Lebensangst und des Scheiterns, der Einsamkeit und des Nichtverstandenwerdens ausgesetzt (V. 17–19). Wenn er an Gott denkt, fallen ihm nur Bilder eines zornigen, bösen Gottes ein – und doch lebt in ihm die Sehnsucht: Es könnte vielleicht nicht alles *so* sein, wie er es sieht und sagt. Und deshalb muß er es sagen. Er sagt es wie Ijob (der Psalm hat viele Gemeinsamkeiten mit dem Ijobbuch) seinem Gott. Das scheint einerseits nicht viel zu sein. Aber es ist andererseits vielleicht das, worauf es in solchen Lebenssitutationen ankommt.

Kontext

Psalm 88 ist der letzte der vier Korachitenpsalmen Ps 84–85. 87–88. Diese zweite (kleine) Korachitenpsalmengruppe orientiert sich (wie wir bereits oben bei der Auslegung von Ps 84 gesagt haben) in ihrer kompositionellen Anordnung an der ersten Korachitenpsalmengruppe Ps 42–49. Beide Gruppen bilden jeweils einen Spannungsbogen, der mit Gebeten der Klage und Sehnsucht nach Gott beginnt (Ps 42–44 bzw. Ps 84; 85,1–8) und abermals mit einer Klage über die Vergänglichkeit des Lebens, den „Tod mitten im Leben", und dem Hilfeschrei nach dem Gott des Lebens schließt (Ps 49 bzw. Ps 88). In der Mitte dieses Spannungsbogens steht die hymnische Verkündigung des „Gottes Jakobs", der sich am Zion und vom Zion aus als Bekämpfer des Chaos und als Geber des Lebens erwiesen hat (Ps 45–48 bzw. Ps 85,9–14; 87) – und erweisen wird, allen Zeifeln und gegenteiligen Erfahrungen zum Trotz. Unser Psalm 88 muß einerseits von Ps 85,9–14 und Ps 87 als Mitte und andererseits von Ps 84 als Anfang dieser Komposition her gelesen werden.

Ps 85,9–14 verkündet, wie wir gesehen haben, die Verheißung JHWHs, daß er sich seinem Volk *und* seinen Getreuen als Gott des Friedens und des Heils offenbaren wolle – so daß die Zeit des Zorns zu Ende gehe. In dieser Heilszeit werden sich Gerechtigkeit und Frieden küssen, aus der Erde wird Treue (bzw. Wahrheit) sprossen und vom Himmel wird die Gerechtigkeit wie die Morgenröte aufstrahlen. Und in Ps 87 sagt JHWH, wie wir unten sehen werden, in drei wörtlich angeführten Erklärungen zu, daß er an der wunderbaren Fülle seines göttlichen Lebens *alle* Völker teilhaben läßt (Ps 87,4–6). Diese Gottes-Vision beantworten dann am Schluß von Ps 87 die Völker mit Tanz und Lied: „All meine (Lebens-)quellen sind in/von dir" (Ps 87,7).

Diese in Ps 85,9–14 und Ps 87 gegebenen Gottesverheißungen klagt Ps 88 ein, wenn man die drei Psalmen als Zusammenhang meditiert. Wohlgemerkt: Diese Psalmen stammen von unterschiedlichen Verfassern und sind ursprünglich nicht für diesen Zusammenhang geschaffen. Aber sie sind von einer Redaktion gezielt *so* hintereinandergestellt, daß sie nun *auch so* gelesen werden wollen. Es ist wie bei Bildern einer Ausstellung, die nach einer bestimmten Idee angeordnet sind und die vom Betrachter sowohl als Einzelbilder wie als Gesamtausstellung wahrgenommen werden sollen. Liest man also die massive Anklage und die Zweifel, die Ps 88 herausschreit, im Zusammenhang mit der Gottesbotschaft der Psalmen 85 und 87, verschärft sich ihre Radikalität und Dringlichkeit noch viel mehr. Daß es diese Zusagen Gottes gibt, löst das eigentliche Leiden des Beters von Ps 88 aus: Es ist ein Leiden an der scheinbaren Widersprüchlichkeit dieses Gottes. Einerseits wäre alles viel einfacher, wenn es diesen Gott nicht gäbe oder wenn er eben gar kein „Gott der Rettung" wäre, weil er zu schwach oder weil er böswillig ist. Das sind ja die Vorwürfe und Folgerungen, die nicht wenige aus diesem sog. Theodizeeproblem ableiten. Aber wird nicht andererseits dann alles noch viel unerträglicher? Läßt sich mit dem „Mut der Verzweiflung" oder mit der Ergebenheit in die totale Hoffnungslosigkeit das Leid wirklich aushalten? Kann man damit wirklich leben? Unsere Psalmenkomposition lädt zu einem anderen Weg ein, der das Leiden an den Spannungen des leidvollen Lebens weder verdrängt noch verklärt, sondern festhält und herausschreit – aber sie einem Gott entgegenschreit, dem der Leidende nicht nur alles in die Hände gibt (auch Gottes eigene Widersprüchlichkeit), sondern ihn selbst damit behaften will, daß *sein* Gott-Sein auf dem Spiele steht.

Deshalb ist Psalm 88 ein authentisches Gebet: Wer mitten in solchem Leid immer noch an seinem Gott festhält, muß von Gottes-Leidenschaft geradezu besessen sein. Wer in einer solchen Situation und in Erkenntnis derartiger Widersprüchlichkeit des Lebens immer noch das Wort „Gott" in den Mund nimmt und von *seiner* Güte und Treue träumt, wird zum faszinierenden Zeugen der uns von unserem Gott geschenkten Freiheit, daß wir ihm alles sagen dürfen, ja müssen – so wir es denn *ihm* sagen. Im Zusammenhang unserer Psalmengruppe Ps 84–88 ist deshalb der Psalm 88 einer der „Pilgerwege", die die Täler der Dürre zu einem Quellgrund machen (vgl. oben Ps 84,6–7). Einerseits ist richtig und wichtig, was der Beter von Ps 88 sagt: „Ich bin geworden wie einer, in dem keine Kraft mehr ist" (Ps 88,5). Aber andererseits gilt eben auch, was Ps 84,8 verheißt: „Sie gehen von Kraft zu Kraft, bis sie erscheinen vor Gott in Zion". Was wir oben zur Auslegung des 84. Psalms gesagt haben, erhält in der Spannung zu Ps 88 eine tiefe Bedeutung: Wessen Herz von der Sehnsucht nach dem lebendigen Gott erfüllt ist, trägt in sich eine Lebenskraft, die schier unerschöpflich und unermüdlich ist. Der Gotteszweifel und die Gottesanklage sind eine besonders intensive Gestalt der Gottessehnsucht. Psalm 88 ist deshalb ein authentischeres Gebet als manche „frommen" Sätze, die glatter über die Lippen gehen.

Die Redaktion hat unserem Psalm u. a. die Überschrift „Ein Weisheitslied" gegeben. Die Weisheit will „Lebenskunst" vermitteln. Unser Psalm kann vielleicht wenig dazu helfen, Leid und Tod *zu verstehen*, aber er zeigt einen Weg, Leid und Tod *zu bestehen* – im Streit mit Gott.

IV. Gottesgerechtigkeit

Es gibt keinen guten Baum, der schlechte Früchte hervorbringt, noch einen schlechten Baum, der gute Früchte hervorbringt. Jeden Baum erkennt man an seinen Früchten: Von den Disteln pflückt man keine Feigen, und vom Dornstrauch erntet man keine Trauben. Ein guter Mensch bringt Gutes hervor, weil in seinem Herzen Gutes ist; und ein böser Mensch bringt Böses hervor, weil in seinem Herzen Böses ist. Wovon das Herz voll ist, davon spricht der Mund. Was sagt ihr zu mir: Herr! Herr!, und tut nicht, was ich sage? (Lk 6,43–46).

Psalm 36

1 *Für den Chorleiter. Von/für dem/den Knecht JHWHs. Von/für David.*

2a *Spruch der Sünde zum Frevler*
2b *in der Mitte meines Herzens:*
2c *„Es gibt keinen Gottesschrecken*
2d *vor seinen Augen.“*
3a *Denn in seinen Augen hat er sich selbst umschmeichelt,*
3b *so daß er seine Schuld nicht mehr findet, um sie zu hassen.*
4a *Die Worte seines Mundes sind Unheil und Trug,*
4b *er hat aufgehört, einsichtig zu sein und Gutes zu tun.*
5a *Unheil plant er auf seinem Lager,*
5b *er betritt einen Weg, der nicht gut ist,*
5c *Böses verwirft er nicht.*

6a *JHWH, bis an den Himmel reicht deine Güte,*
6b *deine Treue bis an die Wolken,*
7a *deine Gerechtigkeit ist wie die Gottesberge,*
7b *dein Rechtsspruch wie die große Urflut:*
7c *Mensch und Tier rettest du, JHWH.*
8a *Wie kostbar ist deine Güte, Gott,*
8b *so daß Menschenkinder in den Schatten deiner Flügel flüchten.*
9a *Sie laben sich am Fett deines Hauses,*
9b *und den Strom deiner Wonnen läßt du sie trinken.*
10a *Denn: Bei dir ist die Quelle des Lebens,*
10b *in deinem Licht sehen wir Licht.*
11a *Spanne deine Güte aus über denen, die dich kennen,*

11b *und deine Gerechtigkeit über denen, die lauteren Herzens sind.*
12a *Nicht trete mich der Fuß des Hochmuts nieder,*
12b *und die Hand der Frevler soll mich nicht niederschlagen.*
13a *Dort sind umgefallen die Unheiltäter,*
13b *sie wurden niedergestoßen, und sie können nicht mehr aufstehen.*

Einführung

In diesem Psalm stoßen (gemäß typisch weisheitlichem Denken) zwei Welten aufeinander: die Welt der Sünde und des Unheils sowie die Welt der Güte und der Gerechtigkeit Gottes. Zwischen, ja in beiden Welten steht der Beter dieses Psalms. Was ihn beunruhigt, ist die Erkenntnis, daß die destruktive Welt des Bösen sich in seinem eigenen Herzen zu Wort meldet. Und er weiß noch mehr: Diese Welt des Bösen kann den ganzen Menschen so sehr in ihren Bann schlagen, daß der Mensch mit eigener Kraft ihr nicht mehr entkommen kann. Aber zugleich weiß der Beter darum, daß die Güte und Gerechtigkeit JHWHs den ganzen Kosmos ausfüllt – und daß sie auch die Herzen der Menschen ausfüllen will, um diese aus der Welt des Unheils zu befreien und für das wahre Licht zu öffnen, in dem die Welt und das Menschenleben in ihrer wahren, guten Gestalt wahrgenommen werden können.

Diese zwei Welten kommen in den ersten beiden Teilen unseres Psalms, die deutlich voneinander abgehoben sind, zur Sprache. Der *erste Teil (V. 2–5)* beschreibt in geradezu verobjektivierender Darstellung das Profil des in Sünde verstrickten Menschen. Das Besondere an dieser Charakteristik des Bösen ist, daß der Beter den

Hang zur Sünde in sich selbst entdeckt. Und er sieht klar, daß diese böse Welt eigentlich eine enge, ja eine „zugebaute Welt" (N. Lohfink) ist, deren Absurdität vor allem im Kontrast zur offenen und lichten Welt der Güte Gottes aufgeht, die im nächsten Teil bewußt wird.

Dieser *zweite Teil (V. 6–10)* setzt sich vom vorangehenden Teil dadurch ab, daß er als hymnischer Lobpreis gestaltet ist, der mit der Anrufung des Gottesnamens einsetzt. Den vier Wörtern, die im ersten Teil des Psalms die Welt des Bösen kennzeichnen (Schuld, Unheil, Trug, Böses), setzt der zweite Teil vier Wörter entgegen, die die Welt Gottes bestimmen: Güte, Treue, Gerechtigkeit und Rechtsspruch. Es sind Wirkweisen Gottes, die den ganzen Kosmos ausfüllen. In poetischer Hinsicht wird so ein dramatischer Kontrast aufgebaut: Der sich selbst einschließenden Enge des Sünderherzens, die im ersten Teil beschrieben wird, wird im zweiten Teil die unendliche Weite des Gottesherzens gegenübergestellt, das sich *allen* Lebewesen rettend zuwendet: „Mensch und Tier rettest du, JHWH" (V. 7 c). Beachtet man den Bild-Kontrast dieser beiden Teile, meint „Rettung" hier: Herausführung aus der engen Welt der Sünde und Hineinführung in die weite Welt der Güte und Gerechtigkeit Gottes, deren Erfahrbarkeit der Psalm mit Bildern der Tempeltheologie (V. 8–10) nahebringt.

Um solches Erfaßtwerden von der Güte JHWHs bittet dann der *dritte Teil des Psalms (V. 11–13)*. Es sind kontrastive Bitten, die einerseits JHWH (in der Form der Du-Anrede) darum bitten, seine Güte denen, die sich ihm öffnen, als Lebensraum zu gewähren (V. 11), und die andererseits (in der Form der unpersönlichen Bitte) die bleibende Befreiung aus der Gewalt der Sünde herbeisehnen (V. 12). Der den Psalm beendende Vers 13 schließt sich an die Bitten V. 11–12 nicht gerade eng und stimmig an. Der Vers könnte einerseits eine spätere (redaktionelle) Ergänzung sein, die Psalm 36 mit dem vorangehenden Psalm 35 zusammenbinden soll; immerhin kommen alle drei Verben von V. 13 in Ps 35 vor (umfallen: Ps 35, 8; umstoßen: Ps 35, 5; aufstehen: Ps 35, 11). Andererseits kann man den Vers als eine Art Zusammenfassung lesen: „Dort", nämlich wo Gottes Leben und Licht sind, ist die Macht des Unheils und der Unheiltäter immer schon überwunden.

Auslegung

Der Psalm setzt in seinem *ersten Teil (V. 2–5)* mit einer dichterischen Verfremdung ein. Er gebraucht gleich am Anfang (V. 2a) das Wort „Spruch, Raunen", mit dem sonst ein Gottesspruch bzw. ein prophetisches Orakel eingeleitet wird. Hier ist es freilich die personifizierte Sünde, die zu dem von ihr bereits infizierten Menschen („Frevler") redet, um ihn versucherisch und zugleich gebieterisch in ihren Bann zu ziehen. Was sie sagt, ist eine Art Anti-Orakel: „Es gibt keinen Gottes-Schrecken." Der Beter, der in sein eigenes Herz hineinhört (V. 2b), hört eine Stimme, die ihm die Wirkungslosigkeit und die Gleichgültigkeit Gottes im Blick auf das, was die Menschen in der Welt tun, suggeriert. In Ps 14, 1 lautet die gleiche „Botschaft": „Der Tor sagt in seinem Herzen: ‚Gott ist nicht da', ‚Es gibt keinen Gott'". Das ist die Lebenseinstellung, die wir praktischen Atheismus nennen, der sich weder um Gott als Norm des Lebens kümmert noch den Gedanken von einem Gottesgericht zuläßt. Es ist das Raunen der Sünde, die den Menschen beherrschen will, indem sie dem Gottesglauben jegliche lebenspraktische Bedeutung abspricht: Gott braucht und kann dich nicht beunruhigen; er kommt im Alltagsleben nicht vor... In einer geradezu modern anmutenden Analyse deckt der Psalm die Mechanismen auf, durch die der Sünder sich in die Welt des Bösen so einschließt, daß er ihr Gefangener wird. Es beginnt und endet damit, daß er die Welt und sich selbst nicht mehr sieht, wie sie wirklich sind. Er ist ein Mensch, der „sich selbst so sehr umschmeichelt" (V. 3 a) und so von sich selbst eingenommen ist, daß er nur sich selbst und die Welt als Gestalt seines Ich wahrnimmt. Deshalb ist ihm auch die Fähigkeit abhanden gekommen, sein eigenes Schuldigwerden wahrzunehmen und dagegen anzukämpfen (V. 3 b). Von einem solchen Menschen geht „Unheil und Trug" aus (V. 4 a) – und zwar in Wort und Tat, geplant und geschickt (V. 4 b-5). Ein solcher Mensch verhindert und zerstört das gute „Klima" des Zusammenlebens. Er ist nicht Quelle des Lebens, sondern des gesellschaftlichen Todes.

Dieser (in typisch weisheitlicher Technik) holzschnittartig scharf gezeichneten Welt des Bösen stellt der Psalm in seinem *zweiten Teil (V. 6–10)* das Bild von der alles wie das Sonnenlicht umflutenden Güte und Gerechtigkeit Gottes entgegen. Die zwei Paare der göttlichen Wirkweisen, die in V. 6–7 genannt werden, sind nach biblischer Vorstellung die Kennzeichen idealer Königsherrschaft (vgl. u. a. Ps 89, 15). „Güte und Treue" sind Tugenden des zwischenmenschlichen Zusammenlebens. „Gerechtigkeit und Rechtsspruch" gründen und erhalten das politische Zusammenleben. All dies ist als Wirkmacht JHWHs in der Welt in Überfülle da – und zwar für alles, was lebt, für Mensch und Tier (V. 7 c). Die Allgegenwart und Allwirksamkeit Gottes wird mit Metaphern ausgedrückt, die dem altorientalischen Weltbild entstammen. Der ganze vorstellbare Raum des Kosmos ist von JHWHs Wirken erfüllt (vgl. besonders Jes 6, 3). Es reicht bis an das Firmament in dessen ganzer Weite und Höhe (V. 6), aber auch bis zu den höchsten Höhen und tiefsten Tiefen der auf der Urflut schwimmenden Erde (V. 7). Kurzum: Gottes Güte und Gerechtigkeit sind unvorstellbar groß, eben „göttlich". Umso erstaunlicher ist dann die Aussage, daß sich diese unendliche göttliche Güte den einzelnen Menschen und Tieren mitteilen will, und zwar „rettend" (V. 7 c). Im Kontext unseres Psalms heißt dies zunächst: Rettung vor und aus Sünde und Unheil (vgl. V. 2–5). Aber dies heißt, wie dann in V. 8–10 weiter entfaltet wird, noch mehr: Anteilgabe am göttlichen Leben selbst. Mit einer vielschichtigen Bildcollage wird dieses Wunder des sich mitteilenden göttlichen Lebens gezeichnet. Die Dimension des Schutzes und der Geborgenheit angesichts der Bedrohung durch das Böse wird im Bild der Vogelmutter nahegebracht, die die verängstigten und gefährdeten Küken unter ihre Flügel nimmt (V. 8). Die Kostbarkeit und die Überfülle der Gaben Gottes werden in V. 9 mit Bildern konkretisiert, in denen Tempel- und Paradiestheologie zusammenkommen. Da ist zunächst das Bild des festlichen Mahles („Essen und Trinken"), das zugleich mit dem Motiv vom „Fett des Gotteshauses" den in der alten Welt bei Opferfesten den Göttern zukommenden Opferanteil benennt. Und mit dem Motiv „Strom der Wonnen" spielt unser Psalm nicht nur auf die mit dem Zion als Lebensberg verbundene Vorstellung von der dort entspringenden Lebensquelle an (vgl. Ps 46, 5; Ez 47, 1–12); das hier gebrauchte hebräische Wort für Wonne ist „Eden" und macht für (damalige und heutige) Hörer und Hörerinnen des Psalms die wunderbare Welt des Paradieses (Eden) gegenwärtig. All dies also hält der biblische Gott bereit – als „Quelle des Lebens", die er selbst sein will (V. 10 a), und als Licht, das Dunkel vertreiben und uns die Welt so sehen lassen will, wie sie von Gott her ist und durch ihn für uns werden kann (V. 10 b). „Licht sehen" heißt in biblischer Sprache vor allem: leben (vgl. Ps 49, 20: die, die in der Scheol/Unterwelt sind, sehen nie wieder das Licht). Poetisch eindrucksvoll kulminiert dieser zweite Teil des Psalms in einer Wir-Aussage: Wer sich vom Licht Gottes erleuchten läßt, wird aus der in V. 2–5 beklagten Ich-Enge herausgeführt – hin zu einem „Wir", dessen Grundvollzug die Perspektive der festlichen Gemeinschaft ist (vgl. V. 9).

Der *dritte Teil (V. 11–13)* bittet darum, daß sich die in V. 6–10 beschriebene Gotteswirklichkeit durchsetzen möge gegen die in V. 2–5 ebenfalls als Realität erkannte Sündenwirklichkeit. Es ist zunächst die Bitte, JHWH möge trotz der Sünde seine Güte und seine Gerechtigkeit weiter wirken lassen (V. 11). Und es ist sodann die Bitte, JHWH möge verhindern, daß die Sünde ihre versklavende und zerstörende Herrschaft ausüben könne, wie V. 12 mit Anspielung auf Bilder der gewalttätigen Königsherrschaft (Fußsetzen auf den Nacken des besiegten Feindes; Niederschlagen des Gegners mit der Keule) andeutet. Mit der abschließenden Gewißheit, daß die Unheiltäter „von Gott her" immer schon entmachtet sind, wirbt der Psalm darum, nicht dem „Anti-Orakel" der Sünde, sondern der Güte Gottes zu vertrauen – der man sich nur zu öffnen braucht.

Kontext

Die Überschrift „Von/für dem/den Knecht JHWHs" bindet Psalm 36 sehr eng an den vorangehenden *Psalm 35* an. Dieser Psalm ist das Bitt- und Klagegebet eines Menschen, der sich von frevlerischen und verleumderischen Menschen verfolgt und tödlich bedroht empfindet und der in seiner Not den Gott der Gerechtigkeit um Rettung anruft. Der Psalm schließt mit der hoffnungsvollen Gewißheit: „JHWH will das Heil *seines Knechtes*" (Ps 35,27) sowie mit dem Versprechen des Bedrängten: „Meine Zunge wird deine Gerechtigkeit (meditierend) murmeln, jeden Tag dein Lob" (Ps 35,28). Dieser Lobpreis der Gerechtigkeit, den der Knecht JHWHs in Ps 35 verspricht, ist nun aber genau unser Psalm 36 (vgl. besonders Ps 36,7 und 36,11); er soll im Textzusammenhang des

Psalters als Durchführung des Lobversprechens von Ps 35,28 rezitiert werden.

Liest und versteht man Ps 36 als Fortführung von Ps 35, ergibt sich noch eine Verschärfung der Dramatik: Während der Beter von Ps 35 durch feindliche und böse Menschen von außen bedroht wird, entdeckt und gesteht der Beter von Ps 36, daß das Böse und die Sünde *auch* in seinem eigenen Herzen da sind und ihn bedrohen. Es geht nicht mehr um eine punktuelle, sondern um eine strukturelle Bedrohung des menschlichen Lebens. Und deshalb beschwört Ps 36 nicht nur ein situatives Rettungshandeln Gottes, sonden entwirft das faszinierende Bild von der Güte Gottes, die alle Menschen und sogar die Tiere umgibt wie das wärmende und belebende Sonnenlicht, das *allen* leuchtet.

Vor allem wird der auf den ersten Blick etwas eigenartige dritte Teil von Psalm 36 (V. 11–13) verständlicher, wenn er im Zusammenhang seiner Nachbarpsalmen und vor dem zeitgeschichtlichen Hintergrund, in dem diese Psalmenabfolge zusammengestellt wurde, gelesen wird. Hinter V. 11–13 werden massive Gruppen- und Identitätskonflikte erkennbar, die das exilische und frühnachexilische Israel erschütterten. In Ps 36,11–13 stehen die „Kenner JHWHs" und die Menschen „lauteren Herzens" den Hochmütigen, Frevlern und Unheiltätern gegenüber – und zwar so, daß die Gewichte der Macht und des Ansehens offensichtlich auf der Seite der Letzteren liegen. Es scheint so, daß damals (und heute ebenso) das Programm des praktischen Atheismus „Es gibt keinen Gottes-Schrecken, weil Gott im Himmel und nicht auf Erden ist" eine erfolgreichere Lebensmaxime darstellte als der Versuch, das eigene Leben „im Lichte" Gottes zu sehen und zu leben. Mit dieser Dramatik menschlicher Existenz setzt sich der gesamte Davidpsalter Ps 3–41 und insbesondere auch die Teilsammlung Ps 35–41, in der Ps 36 steht, auseinander. Im Kontext dieser Teilsammlung verkündet Ps 36 mit seiner eindrucksvollen Bildsprache: Echtes Leben gibt es nur als Teilhabe am Leben Gottes (V. 10). Und daß es Leben und die Welt überhaupt gibt, verdankt sich der Güte und der Treue Gottes, der seine Sonne aufgehen läßt über Gerechte und Ungerechte – weil er *alle* in die Sphäre seines Lichtes hineinholen will. Auch in dieser Hinsicht gibt sich Ps 36 als Weiterführung von Ps 35. Im Klage- und Bittgebet Ps 35 bittet der Beter seinen Gott: „Sprich zu mir: ‚Ich bin deine *Rettung*'" (35,3). Ps 36,7 c bezeugt dann die Gewißheit *dieser* Gotteszuwendung: „Du *rettest* Mensch und Tier".

Psalm 36 will nicht zuletzt im Horizont der „großen" hymnischen Psalmen des ersten Davidpsalters Ps 3–41 gelesen werden, nämlich im Horizont der Psalmen 8; 19; 29. Diesen Psalmen ist gemeinsam, daß sie die Welt als Offenbarungsort der rettenden Königsherrschaft JHWHs besingen. Psalm 36 verdrängt einerseits nicht die Realität der Sünde, die *alle* Menschen bedroht. Aber er hält andererseits noch mehr daran fest, daß sich die Gerechtigkeit Gottes als jene die Schöpfung (vgl. die Kosmosmetaphern in V. 6–7) erhaltende *und* erneuernde Kraft erweisen wird, die der Schöpfung „von Anfang an" innewohnt. Von diesem Ansatz her kann man unseren Psalm auch als Meditation über die biblische Sintfluterzählung betrachten, auf die der Psalm ohnedies höchstwahrscheinlich in V. 7 c anspielt.

Psalm 24

1a *Von/für David. Ein Psalm.*

1b *JHWH gehört die Erde und ihre Fülle,*
1c *der Erdkreis und die wohnen auf ihm.*
2a *Denn er ist's, der ihn über den Wassern gegründet hat*
2b *und ihn über den Strömen festhält.*

3a *Wer darf hinaufziehn auf den Berg JHWHs*
3b *und wer darf sich aufstellen an seinem heiligen Ort?*
4a *Der unschuldige Hände hat und ein reines Herz,*
4b *wer nicht erhoben hat zu Falschem seine Seele*
4c *und wer keinem Trug geschworen hat.*
5a *Er wird Segen empfangen von JHWH*
5b *und Gerechtigkeit vom Gott seiner Rettung.*
6a *Das ist das Geschlecht derer, die ihn befragen,*
6b *derer, die dein Angesicht suchen, o Jakob.*

7a *Erhebt, ihr Tore, eure Häupter,*
7b *ja, erhebt euch, ihr Pforten der Urzeit,*
7c *daß einziehe der König der Herrlichkeit.*
8a *Wer ist dieser König der Herrlichkeit?*
8b *JHWH ist es – der Mächtige und der Starke,*
8c *JHWH ist es – der Starke im Kampf.*
9a *Erhebt, ihr Tore, eure Häupter,*
9b *erhebt (sie), ihr Pforten der Urzeit,*
9c *daß einziehe der König der Herrlichkeit.*
10a *Wer ist er, dieser König der Herrlichkeit?*
10b *JHWH Zebaot (der Heerscharen),*
er ist der König der Herrlichkeit.

Einführung

Man kann den Psalm, der uns in seiner Nachdichtung als Adventslied „Macht hoch die Tür, die Tor macht weit" vertraut ist, als eine Kurzfassung der Jerusalemer Tempeltheologie bezeichnen. Er feiert JHWH als Schöpfer und Erhalter *seiner* Erde, der auf dem Berg Zion seine Residenz hat und dort erscheint, um denen, die *ihn* suchen, Segen und Heil zu schenken. Dementsprechend zeichnet der Psalm eine doppelte Bewegung. Da ist einmal die Gruppe bzw. die Gemeinschaft derer, die sich auf den Weg gemacht haben und unterwegs sind zum Berg JHWHs – in der Hoffnung, dort JHWH zu begegnen. Und da ist zum anderen JHWH selbst auf dem Weg zu seiner Residenz bzw. zu der dort versammelten Gemeinschaft, um sich als „König der Herrlichkeit" und als siegreicher Kämpfer zu offenbaren.

In literarischer und motivlicher Hinsicht besteht der Psalm aus drei deutlich voneinander unterschiedenen Teilen.

Der *erste Teil (V. 1–2)* ist ein hymnisches Bekenntnis zu JHWH, dem König und Eigentümer der ganzen Erde und aller sie bevölkernden Lebewesen.

Der *zweite Teil (V. 3–6)* spiegelt ein sogenanntes Tempeleinlaßritual wider. Ein solches besteht aus drei Elementen. Es wird eröffnet mit einer Doppelfrage, die nach den Bedingungen des Zutritts zum Heiligtum fragt (V. 3). Darauf erfolgt eine Antwort, die katechismusartig eine Reihe von Bedingungen aufzählt (V. 4). Daran schließt sich die Zusage bzw. Verheißung der Heilsgaben an, die denen im Heiligtum zuteil werden, die die genannten Voraussetzungen erfüllen (V. 5). Daß es auch am Jerusalemer Tempel ein nach diesen drei Elementen gegliedertes Ritual für die Pilger, die das Tempelareal betreten wollten, gegeben hat, ist durchaus möglich. Immerhin ist auch in Ps 15 und in Jes 33, 14–16 dieses Schema textprägend. Auch der Abschnitt Ps 118,19f ergibt ein gutes Verständnis, wenn man in ihm eine Anspielung auf in derartiges Ritual sieht. Man könnte sich seinen Verlauf dann so vorstellen, daß ein Sprecher der am Haupttor des Tempelbezirks (nicht des Tempelgebäudes selbst, das nur Priester betreten durften) ankommenden *Pilgergruppe* die Frage nach den Einlaßbedingungen stellte. Darauf antwortete ein *Priester* mit einer (variierenden?) Aufzählung von Voraussetzungen, um so die Pilger zu einer Art Gewissenserforschung und Bereitung des Herzens hinzuführen. Und schließlich gab ein anderer (?) *Priester* in einer Art „Kultbescheid" (der sog. priesterlichen Tora) die Verheißung, daß *ein solcher* Heiligtumsbesuch eine Zeit des Segens sei bzw. werde. Auch wenn vieles für die Praxis eines derartigen Rituals am Jerusalemer Tempel spricht, ist allerdings zweifelhaft, daß Ps 24,3–5 (und Ps 15) den *Wortlaut* eines solchen Rituals wiedergibt. Zumindest der das „Ritual" kommentierende V.6 verläßt die unmittelbare kultische Ebene und deutet die „Tempeleinlaßbedingungen" als „Existenzbedingungen" nicht nur für Israel, sondern für alle Gottsucher (vgl. die Auslegung).

Auch der *dritte Teil (V. 7–10)* inspiriert sich an einem am Jerusalemer Tempel beheimateten kultischen Vorgang. Manche Bibelwissenschaftler nehmen an, daß es in vorexilischer Zeit ein Fest der „Inbesitznahme des Zion als Thronbesteigung JHWHs" gegeben habe. Als Teil der Festfeier wird dann eine Prozession (mit oder ohne Lade) angenommen, zu der eine Einzugsliturgie JHWHs in seinen Tempel gehört hätte, die mit wechselnden Stimmen (Sprechern/Chören) aufgeführt worden wäre. Ps 24,7–10 wäre dann entweder ein altes Fragment einer solchen Einzugsliturgie oder sei aus überliefertem Wissen um diese Liturgie heraus gestaltet.

Die drei (relativ selbständigen) Teile sind in unserem Psalm zu einer aussagestarken (literarischen) Komposition zuammengefügt. Teil 1 und Teil 3 machen Aussagen über JHWH als Schöpfer und König der Erde; in beiden Teilen ist JHWH im Weiterwirken kanaanäischer Vorstellungen von El als Schöpfer und Baal als Chaosbekämpfer (vgl. unten die Auslegung von Ps 29) als der seine Schöpfung als Kosmos schützende und rettende Götterkönig charakterisiert. Der in der Mitte stehende Teil 2 macht Aussagen über die Menschen seines Königreichs, die des besonderen Segens des Weltkönigs teilhaftig werden, *und* über den Ort, an dem bzw. von dem aus dies geschieht. Die drei Teile sind durch die Vorstellung verbunden, daß die Erde als Lebenshaus ihre Festigkeit *und* ihre Lebendigkeit durch das Heiligtum hat, das JHWH auf dem als „Weltberg" vorgestellten Zion (vgl. Ps 46; 48; 87; 93) gegründet hat.

Die Komposition des Psalms dürfte (frühestens) in exilischer Zeit (also im 6. Jahrhundert, als der Tempel in Trümmern lag!) entstanden sein; der dritte Teil V. 7–10, bei dem jeweils drei Zeilen (und nicht zwei Zeilen, wie es die poetische Regel ist) eine Einheit bilden, könnte ein altes Fragment sein. V. 6 geht auf eine spätere Neuinterpretation zurück.

Auslegung

Der Psalm setzt in seinem *ersten Teil (V. 1–2)* mit einer betonten Eigentumserklärung ein, die in der exilischen Entstehungszeit unseres Psalms hochbrisant war. Angesichts der Zerstörung des Tempels JHWHs und des „Weltherrschaftsanspruchs" der Babylonier bzw. ihres Schöpfergottes Marduk stellte sich die Frage nach Macht und Anwesenheit des Zionsgottes JHWH besonders scharf. Unser Psalm antwortet darauf unmißverständlich: JHWH (und keinem anderen Gott) gehört „die Erde und ihre Fülle", das heißt: Die *ganze* Erde und alles, was auf ihr lebt, steht unter dem Eigentumsanspruch des Gottes Israels. Dieses Bekenntnis wird nun freilich nicht mit einem Hinweis auf die erlebte Geschichte begründet, sondern mit einer Schöpfungsaussage (vgl. ähnlich Ps 89,12). Weil JHWH wie ein Baumeister die Erde auf ein festes, unerschütterliches Fundament gegründet hat (V. 2a) und weil er sie inmitten der in ihrer chaotischen Zerstörungskraft durch ihn gebändigten Wasserfluten weiterhin erhält, *ist und bleibt* sie unter seinem Herrschafts- und Rechtsanspruch. Es ist JHWHs Zuwendung zur Welt, die diese „von Anfang an" zu einem „Lebenshaus" inmitten der „Wasser" und der „Urströme" macht. Die Metapher von der Schöpfung als Hausbau ist hier gezielt eingesetzt, um auf den Tempel als „Gründung" JHWHs auf dem Zionsberg anzuspielen, denn gerade der Zionsberg hat eine schöpfungssichernde Mächtigkeit, die im Fortgang des Psalms konkretisiert wird.

Der *zweite Teil (V. 3–6)* erläutert mit Hilfe des Tempeleinlaßrituals (vgl. die vorangehende Einführung), wie sich die heilschaffende Mächtigkeit des Zionberges auf dieser Erde verwirklicht. Die beiden Verben „hinaufziehen" und „sich aufstellen" (V. 3) haben einen liturgischen Hintergrund. Das erste bezeichnet häufiger die Wallfahrt zum Zion (vgl. besonders die Überschrift der „Wallfahrtspsalmen" Ps 120–134), das zweite meint die Teilnahme an der Liturgie selbst. Daß betont von „Berg JHWHs" sowie von „Ort seiner Heiligkeit" und nicht von „Haus" oder „Tempel" die Rede ist, könnte einerseits mit der exilischen Entstehungszeit des Psalms (der Tempel ist zerstört) zusammenhängen; andererseits geht es hier um den Zion in seiner Funktion als kosmischem Weltberg *und* um seine Transparenz auf den Sinai als Offenbarungsort der Tora (der Leben und Freiheit schützenden Gebote). Deshalb hält V. 4 klar fest: Wer den Zion als Berg des Lebens und der Begegnung mit dem heiligen Gott erfahren will, muß „zionsgemäß" leben. Die in V. 4

formulierten Zulassungsvoraussetzungen fassen das rechte Verhalten zum Mitmenschen (V. 4a) und zum einzig wahren Gott (V. 4bc) zusammen (vgl. die Doppelstruktur der Zehn Gebote und das Doppelgebot der Gottes- und Nächstenliebe). Das geforderte rechte Verhalten zu den Mitmenschen betrifft „Hand" und „Herz", das heißt Tun *und* Denken, Taten *und* Gesinnung. Die zu JHWH als dem Schöpfer und Schützer des Lebens geforderte Bindung, die sich seinem Herrschaftsanspruch unterwirft, wird in V. 4b mit Formulierungen ausgedrückt, die eine Absage an die Götzen („falsche, nichtige Götter") bzw. an gar nicht existierende, eingebildete Götter („Trug") meinen (es wäre auch möglich, in V. 4bc Anspielungen an das Dekalogverbot des Gottesnamenmißbrauchs Ex 20,7 zu sehen). Wer also in der rechten Beziehung zu den Menschen, unter denen er lebt, und zum wahren Gott als dem Grund und der Quelle allen Lebens zu leben versucht, der – so verheißt V. 5 – wird mit Segen und Heil vom Zionsgott überschüttet und gerettet. Die nachexilische Bearbeitung, die V. 6 hinzugefügt hat, weitet den Kreis derer, die Segen von JHWH, dem universalen Weltkönig (vgl. V. 1–2), erhalten, eindrucksvoll aus: Es sind *alle* Gottsucher – und dazu gehören nach V. 6b ausdrücklich Menschen, die *nicht* Israeliten sind: „die dein Angesicht, o Jakob (= Israel) suchen". Dieser kleine Satz bringt Israels Dienst an der Völkerwelt auf den Punkt: Der Zion und Israel sind vom Schöpfergott erwählt, damit durch sie das universale Gottesreich und ein diesem gemäßes Leben (vgl. V. 4) auf der ganzen Erde und unter allen Völkern Wirklichkeit wird. Dieser im (hebräischen) Urtext überlieferte Satz hat schon die alten Übersetzer so erschreckt, daß sie ihn modifiziert haben: „die dein Angesicht suchen, o *Gott* Jakobs". Auch die Einheitsübersetzung folgt dieser „weicheren" Lesart.

Angesichts der in V. 6 entworfenen Perspektive muß sich ereignen, was der *dritte Teil (V. 7–10)* mit mythischen Bildern ankündigt: JHWH zieht wieder in den Tempel ein (das „Erheben der Häupter" der Tore, wohl des Tempelgebäudes selbst, ist sowohl Huldigung als auch Hinweis auf die „Größe" des einziehenden Gottes) – nicht als besiegter, schwacher oder hilfloser Gott, sondern als „König voll Herrlichkeit", dessen „siegreiche Mächtigkeit" sich in der Rettung seines Volkes *und* in der Hinwendung der das Gottesvolk bedrohenden Völkerwelt zu JHWH erweisen wird. Was in V. 1–2 als hymnisches Bekenntnis aller entgegenstehenden geschichtlichen Erfahrung zum Trotz festgehalten ist, wird Wirklichkeit werden: JHWH, der der König der ganzen Erde *ist*, wird dies auch erfahrbar machen. Was in der (mythischen) Verborgenheit „von Anfang an" die Welt zusammenhält, wird und muß offenbar werden. Der mittlere Teil unseres Psalms formuliert die *Voraussetzungen* für die endzeitliche Erfüllung von V. 7–10.

Sie fordern die Juden und unsere Kirche als Gemeinschaften heraus – und jede(n) einzelne(n) von uns allen.

Kontext

Liest man das Psalmenbuch als fortlaufenden Zusammenhang und kommt man so bei unserem Psalm 24 an, wird man unüberhörbar auf Psalm 15 zurückverwiesen. Psalm 15 ist als ganzer nach dem dreistufigen Tempeleinlaßritual gestaltet, das den Mittelteil (V. 3–6) von Psalm 24 prägt. Beide Psalmen sind in der Tat die Eckpsalmen der planvoll zusammengestellten Teilsammlung Ps 15–24, die den Weg der Gottsuche von Menschen darstellt, die in den Augen JHWHs exemplarisch sein Gottesvolk sind. Sie tragen die theologischen Würdetitel „Arme", „Gerettete", „JHWH-Fürchtende" und „Gott-Sucher" als Repräsentanten des wahren Israel. Als solche sind sie das Gegenbild zu den Frevlern, die die Armen so sehr bedrängen, daß Ps 14,1–3 provozierend scharf konstatiert: Alle handeln verderblich, da ist keiner mehr da, der Gutes tut. Die Teilsammlung Ps 15–24 entwirft dazu den Kontrast: Es gibt eine die böse Welt in der Kraft des Gottes Israels verwandelnde Gruppe. Es sind die, die JHWHs Gerechtigkeit suchen und die von ihm als ihrem guten König geführt und beschützt werden – und als seine kleine Gemeinde jene Völkerwallfahrt zu IHM auslösen, die das Ziel und der Sinn der Schöpfung ist.

Psalm 15 stellt programmatisch das Leitbild „des Gerechten", dem die schützende und rettende Gottesgemeinschaft verheißen ist, an den Anfang der Teilsammlung. Wer *so* lebt, lebt in der Tat vor, durch und mit dem Gott der Gerechtigkeit und ist auf dem Weg des Lebens (*vgl. Psalm 16*). Gewiß, auch er wird, wie *Psalm 17* zeigt, auf seinem Lebensweg von bösen Menschen und von Unheilsmächten tödlich bedroht, aber er setzt darauf: „Du rettest alle, die sich an deiner Rechten vor den Feinden bergen" (Ps 17,7). Er kann sicher sein: „Die gerecht handeln und reinen Herzens sind, werden Gott schauen" (vgl. Ps 17,15; Mt 5,8). Das ist auch die Erfahrung des königlichen Knechtes, dessen Rettung die *Psalmen 18–21* erzählen. Und es ist vor allem die Erfahrung, die sich in der *Psalmenabfolge Ps 22–23* ausspricht, die unserem Psalm 24 unmittelbar vorausgeht.

Psalm 22, dessen Anfang „Mein Gott, mein Gott, wozu hast du mich verlassen?" Jesus am Kreuz seinem Vater entgegenschreit, ist das Klage- und Bittgebet eines unschuldig Leidenden, der sich bis zur Gewißheit „durchbetet", daß der Gott des Lebens ihn retten muß und wird und der *diesen* tiefsten Wesenszug Gottes seinen Brüdern bezeugen und verkünden will – als Einladung und Ermutigung, an ihrem Leid nicht zu zerbrechen (Ps 22,2–23). Dieses Zeugnis eines vom Tod bedrohten Menschen weitet sich zunächst in V. 24–27 (eine erste redaktionelle Erweiterung) zu der Verheißung, daß gerade „die Armen" zur Mahlgemeinschaft mit dem Rettergott bestimmt sind. Und in V. 28–32 (eine zweite redaktionelle Erweiterung) weitet sich nochmals die Verheißung. Die Gewißheit der Rettung im und durch das Leid wird nun auf das leidende Israel hin transparent: Israels Rettung aus Verfolgung und Tod soll zum Signal für die Völkerwelt dafür werden, daß JHWH, der Gott Israels, sein rettendes und befriedendes Königtum auf der ganzen Welt aufrichten wird – damit das Geheimnis dieses guten Gottes bis an die Enden der Erde und bis ans Ende der Zeiten verkündet werde: von den einzelnen und von Israel als Gemeinschaft.

Diese Verkündigung der rettenden Königsherrschaft JHWHs vollzieht sich dann präzise im folgenden *Psalm 23*: „JHWH (und niemand sonst) ist mein Hirte.." In diesem Psalm artikuliert sich die Erinnerung an die rettende Führung Israels (beim Exodus) durch die Wüste hin zum Gelobten Land und insbesondere zur Mahlgemeinschaft mit JHWH in seinem Haus am Tempel zu Jerusalem. Und zugleich wird diese kollektive Heilserfahrung in Psalm 23 individualisiert: Der *sein Volk* „im Tal des Todes" beschützende und zu Wassern des Lebens führende Hirte erweist sich auch *den einzelnen* als ihr guter Hirte und als ihr großzügiger König, der sie „auf Pfaden der Gerechtigkeit leitet, um seines Namens willen" (Ps 23,3), und sie – ihren Feinden zum Trotz – zur Mahlgemeinschaft in sein Haus einlädt (Ps 23,5–6).

Unser *Psalm 24* führt genau diese Linie weiter. Der erste Teil unseres Psalms erläutert, wieso JHWH dieser Leben schenkende und aus dem Tod rettende „Hirte" sein kann: weil er der Eigentümer und Schöpfer der ganzen Erde ist (Ps 24,1–2). Der zweite Teil präzisiert dann die in Ps 23,3 genannten Pfade der Gerechtigkeit, indem er diese Gerechtigkeit als Tun und Denken der Menschen inhaltlich erläutert (Ps 24,3–4), sie zugleich als Geschenk des Zionsgottes verheißt (Ps 24,5) und sie in *allen* Menschen am Werk sieht, die in Gemeinschaft mit „Jakob" (= Israel) Gott suchen. Und der dritte Teil (Ps 24,7–10) bekräftigt die in Ps 22 und Ps 23 anklingende Perspektive der universalen Königsherrschaft JHWHs, die mit der Rettung der einzelnen Armen und des armen Gottesvolks unaufhaltsam anbricht. Das in Ps 24,7–10 angekündigte Kommen des „Königs der Herrlichkeit" zum Zion, in dessen Dynamik wir Christen den königlichen Einzug Jesu nach Jerusalem und in den Tempel von Jerusalem begreifen und bekennen (vgl. Mt 21,1–17), wird Israel und die Völkerwelt endlich zu jener friedlichen Mahlgemeinschaft führen (vgl. Jes 25,6–8), die dem hymnischen Bekenntnis entspricht, mit dem unser Psalm 24 eröffnet wird: „JHWH (allein) gehört die Erde und ihre ganze Fülle, der Erdkreis und *alle,* die auf ihm leben."

Psalm 26

1a *Von/für David.*

1b *Sprich über mich das Urteil, JHWH,*
1c *daß ich in Ganzheit (Vollkommenheit) einhergegangen bin,*
1d *und auf JHWH vertraut habe,*
1e *so daß ich nicht wanken werde.*
2a *Prüfe mich, JHWH, und erprobe mich,*
2b *schmelze meine Nieren und mein Herz,*
3a *daß deine Güte mir vor Augen ist*
3b *und daß ich einhergehen werde unter deiner Treue.*

4a *Ich habe nicht gesessen mit Menschen des Falschen,*
4b *und mit Versteckten werde ich nicht hineingehen.*
5a *Ich habe gehaßt die Versammlung der Übeltäter,*
5b *und mit den Frevlern werde ich mich nicht zusammensetzen.*
6a *Ich will in Unschuld meine Hände waschen*
6b *und deinen Altar umschreiten, JHWH,*
7a *um hören zu lassen die Stimme des Dankes*
7b *und um zu erzählen alle deine Wundertaten.*

8a *JHWH, ich habe liebgewonnen die Stätte deines Hauses*
8b *und den Ort der Wohnung deiner Herrlichkeit:*
9a *Nicht raffe hinweg mit den Sündern meine Seele*
9b *und mit Männern voll von Blutschuld nicht mein Leben,*
10a *an deren Händen Schandtat klebt*
10b *und deren Rechte voll ist von Bestechung.*
11a *Ich aber, in Ganzheit will ich einhergehen:*
11b *Befreie mich und sei mir gnädig.*

12a *Mein Fuß hat sich auf ebenen Grund gestellt.*
12b *Unter denen, die sich versammeln, will ich den Segen sprechen, JHWH.*

Einführung

Dieser Psalm, den der Priester bis zur nachkonziliaren Liturgiereform von Vers 6 ab betete, wenn er sich am Ende der Gabenbereitung die Hände wusch („lavabo inter innocentes manus meas"), hat bei christlichen Auslegern nicht immer schmeichelhafte Zensuren erhalten. Auslöser der Reserven waren meist die Verse 1 und 11, vor allem wenn sie so verstanden werden, wie die „Einheitsübersetzung" den Text wiedergibt: „Verschaffe mir Recht, o Herr; denn ich habe ohne Schuld gelebt" (ähnlich die Lutherbibel: „Herr, schaffe mir Recht, denn ich bin unschuldig"). So hat man den Psalm oft als das Gebet eines von Selbstgerechtigkeit verblendeten Menschen und als „typisch alttestamentlich-jüdisch" kritisiert. Daß dies ein vom Wortlaut und vom „Sitz im Leben des Psalms" her nicht gedecktes Mißverständnis war, wird heute ziemlich allgemein geurteilt.

Das mit „ohne Schuld" bzw. „in Unschuld" übersetzte hebräische Wort (*tom*) meint „Ganzheit, Vollkommenheit". Es geht um das Bemühen um (die Option für) einen „ganzheitlichen" Lebenswandel. In der Weisheitsliteratur wird damit das Idealbild des Menschen zusammengefaßt, der unbeirrt und lauter den einmal gewählten Lebensweg der sozialen Gerechtigkeit geht und sich durch nichts davon abbringen lassen will (Spr 2,7; 10,9 u.ö.). Konkretionen dieser Lebensführung finden sich (unter Verwendung des gleichen hebräischen Wortes) in Ps 15 (15,2) und in Ps 101 (101,2); der Sache nach meint auch Psalm 24, den wir anschließend auslegen, diese

„ganzheitliche" Lebensweise (vgl. auch oben Ps 84,12d).

Noch ein zweites sprachliches Bezugsfeld ist für das angemessene Gesamtverständnis des Psalms wichtig. In der priesterlich inspirierten Theologie bezeichnet das hebräische Wort *tom/tamim* die rituelle „Vollkommenheit" einer Opfergabe *und* die Ganzheit eines Lebens in inniger Gemeinschaft mit Gott (vgl. Gen 6,9: Noach; Gen 17,1: Abraham; Ez 28,15: der paradiesische Urmensch). Der „vollkommene" Lebenswandel ist dann also das „Opfer", das hier der Beter zum Heiligtum bringt. Und daß die innige Lebensgemeinschaft mit JHWH im Hintergrund des Psalms steht, sagt V. 1d (als Kommentar zu V. 1c) ausdrücklich.

Schon allein diese kurzen Vorerwägungen zeigen: Dies ist kein problematischer Unschuldspsalm, sondern das Gebet für Menschen, die ihren Lebensweg im Einsatz für Recht und Gerechtigkeit entschieden gehen wollen – als Konsequenz und Geschenk einer innigen Gemeinschaft mit Gott, dessen Urteil sie sich aussetzen und von dem sie Befreiung vom Bösen erbitten.

Die Bibelwissenschaft diskutiert, ob der Psalm ursprünglich als Gebet eines zu Unrecht Angeklagten in einem kultisch-sakralen Verfahren am Heiligtum, als „Pilgergebet" im Zusammenhang der Tempeleinlaßliturgie, als Vorbereitungsgebet der Priester für ihren kultischen Dienst oder gar als Gebet bei der Priesterweihe verfaßt oder verwendet worden ist. Diese Diskussion kann hier nicht geführt werden. Mir scheint wahrscheinlicher, daß es sich um ein Bittgebet für den „privaten" Tempelbesuch von „Laien" handelt oder sogar „nur" um eine „geistliche" Wallfahrt zum Tempel – im Vollzug des Betens dieses Psalms.

Von seinem *Aufbau* her hat Ps 26 starke Ähnlichkeit mit den Psalmen 5; 7; 17 und 27,7–13 (vgl. zu Ps 27 oben unsere Auslegung). So dürfte er als „Bittgebet eines Gerechten" (s.o.) zu verstehen sein, das aus folgenden

Elementen besteht: Einleitende Bitten (V. 1–3); Unschuldsbekenntnis (V. 4–7); zentrale Bitte, eingeleitet durch ein JHWH-Bekenntnis (V. 8–11); abschließendes Lobversprechen (V. 12). Die drei Hauptteile heben sich auch durch die Sprechrichtung voneinander ab (V. 1–3: Anrede JHWH; V. 4–7: ich; V. 8–11: Anrede JHWH). Der Schlußvers (V. 12) ist eine Art Zusammenfassung und bündelt beide Sprechrichtungen.

Der Psalm ist stark von tempeltheologischen Vorstellungen geprägt. Diese binden ihn eng an Psalm 24 an. Er könnte durchaus in spätvorexilischer Zeit entstanden sein.

Auslegung

Mit den einleitenden Bitten, die den *ersten Teil (V. 1–3)* bilden, setzt der Beter seine *ganze* Existenz (dies wird durch den den Psalm prägenden Wechsel von Verbalformen der Vergangenheit *und* der Zukunft unterstrichen) dem Urteil Gottes aus. Die vier Aufforderungen „sprich das Urteil" (die meist übliche Übersetzung „verschaffe mir Recht" unterstellt, daß der Psalm das Bittgebet eines unschuldig Angeklagten sei), „prüfe mich", „erprobe mich" und „schmelze mich" deuten die Gottesbegegnung als ein den Beter verwandelndes Geschehen. Wie wir in der „Einführung" erläutert haben, bekennt der Beter seine Entschiedenheit, das Leben „in Ganzheit" zu gehen – nicht aus eigener Kraft, sondern weil er sich so sehr in JHWH festgemacht hat („ich habe vertraut"), daß er sich voll von JHWHs Güte und Treue gehalten und geleitet weiß. Er setzt sich, wie das Bild vom Metallschmelzen in V. 2 darstellt („Nieren und Herz" gelten nach biblischer Anthropologie als Sitz der Empfindungen sowie des Denkens und Wollens), dem läuternden Feuer Gottes aus, damit dieses ihn so formt, daß er im wahrsten Sinne des Wortes „gottgemäß" lebt. Man könnte diese vom Psalm erflehte Gottesbegegnung durchaus in den Horizont der paulinisch-reformatorischen Theologie der Rechtfertigung des Sünders aus Gnade stellen. Die „Ganzheit" („Vollkommenheit", „Unschuld"), die der Beter als *Lebensgestalt* zu verwirklichen sucht, erfleht er als Geschenk seines Gottes – *und* er will sie, wie dann im nächsten Abschnitt entfaltet wird, als Nein zu Götzendienst und Verbrechen *sowie* als Ja zum Heil wirkenden Gott konkretisieren.

Mit „Unschuldsbekenntnis" wird der *mittlere Teil (V. 4–7)* nur unzureichend beschrieben. Auch dieser Teil ist wieder von der die ganze Existenz umgreifenden Spannung Vergangenheit – Zukunft bestimmt: „Ich habe nicht ... ich werde nicht ... ich will (bzw. ich werde)". Zugleich ist dieses Bekenntnis von einer klaren Antithetik bestimmt. Zunächst bekräftigt der Beter seine Distanzierung vom Bösen (V. 4–5), um dann mit liturgischen Motiven seine Zuwendung zu JHWH zu verkünden (V. 6–7). Das genaue Verständnis von V. 4 ist unsicher. Der Beter zieht hier eine entschiedene Trennungslinie entweder zu Gruppen, die mit Meineid (V. 4a) und Heuchelei (V. 4b) ihre bösen Ziele durchsetzen, oder zu Götzenverehrern („Menschen des Falschen" = Anhänger falscher, nichtiger Götter: vgl. Ps 24,4; 31,7) und zu Anhängern von Untergrundkulten. Sollte dieses letztere Verständnis richtig sein, wäre hier also zunächst ein klares Nein zu allen Formen religiöser Praxis gesagt, die JHWHs Alleinverehrungsanspruch in Frage stellen. Das zweite Nein dieses Bekenntnisses distanziert sich unmißverständlich von aller Mitwirkung bei organisiertem Verbrechen (V. 5). Mit solchen Leuten (das Wort „Versammlung" meint hier sogar „Bande") setzt sich unser Beter nicht nur nicht zusammen. Wo immer er konnte, hat er ihr Treiben bekämpft („hassen" meint: ablehnen, verabscheuen *und* aktiv dagegen angehen!). Freilich: Unser

Beter erschöpft sich nicht in der Distanzierung vom Bösen und von den Bösen. Dies ist vielmehr die Voraussetzung dafür, daß er das rechte Ja sagt und lebt – und zwar laut und öffentlich. Wer den Psalm als liturgischen Text, als Vorbereitungsgebet zum priesterlichen Dienst am Tempel versteht, wird V. 6–7 wörtlich nehmen: So hätten die Priester gebetet, wenn sie die kultische Waschung der Hände vollzogen, ehe sie den Opferaltar auf dem Tempelplatz vor dem Tempelgebäude auf einem Podest umschritten, um dann schließlich in einer kultischen Anamnese die großen Heilstaten JHWHs zu verkünden. Möglich wäre auch ein übertragenes Verständnis, das zwar auf priesterliche Riten anspielt, diese aber metaphorisch auf die Tempelbesucher ausweitet. Wahrscheinlicher ist aber nicht an eine offizielle Liturgie und an spezifisch priesterliche Riten gedacht, sondern an Tempelbesucher, die sich durch Händewaschung auf den Tempelbesuch vorbereiten und die in prozessionsartigen Gruppen (Tanz?) ihre Hymnen und Danklieder singen. Wie immer V. 6–7 zu verstehen ist, die Gesamtaussage dieses mittleren Teiles (V. 4–7) ist offenkundig: Die in der Liturgie sich vollziehende Hingabe an JHWH setzt eine entschiedene Trennung von der Welt des Bösen voraus und gipfelt in der erzählenden Erinnerung der göttlichen Heilstaten.

Auf das Bekenntnis folgt als *dritter Teil (V. 8–11)* abermals eine entfaltete Bitte. Diese schlägt durch die wörtliche Aufnahme von V. 1b in V. 11a den Bogen zum ersten Teil des Psalms. Inhaltlich freilich führt die Bitte das im mittleren Teil gestaltete Thema weiter, wonach Leben für den Beter sich nur als „Leben in Gemeinschaft mit JHWH" voll verwirklicht. Zu dieser Einsicht ist der Beter, so eröffnet er den Abschnitt, bei seinem Besuch im Heiligtum gelangt. Dort ist er der mitten unter seinem Volk wohnenden „Herrlichkeit" Gottes begegnet. Diese offenbart und wirkt auf zweifache Weise: als richtende und rettende, strafende und beglückende, zerstörende und befreiende Macht, die den Bösen ein Ende setzt und die, „die in Ganzheit wandeln wollen" (V. 11 a), zum wahren Leben befreit.

Das *abschließende Lobversprechen (V. 12)* faßt zusammen, was der Beter erhofft: Daß er inmitten des gesellschaftlichen Chaos, in dem er leben muß, auf „ebenem, festem Grund bleibt", d.h. daß er auf seinem ebenen, festen Weg der Gottesbindung und der sozialen Gerechtigkeit bleibt und nicht zu Fall kommt (vgl. das Wortspiel mit V. 1d). Vor allem aber erhofft er sich, daß sein Leben insgesamt inmitten seiner Glaubensgenossen *so* ein authentisches Zeugnis für die belebende und befreiende Wundermacht JHWHs bleiben kann.

Kontext

Psalm 26 führt unübersehbar das in Psalm 24 (vgl. unsere vorangehende Auslegung) gezeichnete szenische Geschehen weiter. Die dort als Voraussetzung für die Begegnung mit dem zum Zionsheiligtum kommenden „König der Herrlichkeit" geforderte Distanzierung von falschen Göttern und von allen Formen unmoralischen Lebens (vgl. Ps 24,3–4) bekennt der Beter von Ps 26 als die von ihm angestrebte und mit der Gnade Gottes verwirklichte Lebensoption. Der Beter von Ps 26 entspricht genau den Maßstäben von Ps 24: Er ist ein Mensch mit lauterem, geprüften Herzen (24,4; 26,2) und reinen, unschuldigen Händen (24,4; 26,6). Er erhebt seine Seele nicht zu „falschen" Göttern (24,4; 26,4). Deshalb hat er Zutritt zum „Ort" JHWHs (24,3; 26,8). Insofern kann man mit guten Gründen annehmen, daß die Psalterredaktion unseren Psalm 26 gezielt an seine jetzige Stelle hinter Psalm 24 gestellt hat. Ob man die beiden Psalmen als eine praktizierte oder „nur" vorgestellte liturgische

Abfolge versteht, in beiden Fällen ergibt sich ein zweiphasiger Geschehenszusammenhang: Ps 24 formuliert „am Eingang zum Tempelbereich" die Bedingungen, deren Erfüllung dann der Beter von Ps 26 bekennt, indem er Gott als „rechtfertigenden" Zeugen anruft – und ihm zugleich seine Bitte vorträgt, Gott möge ihn so reinigen und läutern, daß er seinen Lebensweg „in Ganzheit" gehen könne als gelebtes Zeugnis für die befreiende Lebensmächtigkeit JHWHs.

Vor allem verstehen beide Psalmen den Tempel als Ort, an dem „die Herrlichkeit" JHWHs gegenwärtig ist/wird (vgl. 24,7–10; 26,8). Und an diesem Ort empfängt der Beter Heil und Segen, den er mit einem Segensspruch/Lobpreis beantwortet (24,5; 26,12).

Versteht man Ps 26 im Horizont von Ps 24, darf bzw. muß man dieses Bittgebet um Reinigung von Schuld („Rechtfertigung") auch als Gebet derer verstehen, die „das Angesicht Jakobs = Israels suchen", d.h. im Zusammenhang von Ps 24 wird Ps 26 zum Gebet der „Völkerwallfahrt". Um es zugespitzt zu sagen: Schon auf der Ebene der Psalterredaktion wird dieser Psalm gewissermaßen auch uns Christen in den Mund gelegt, insofern wir Christen jene Menschen aus der Völkerwelt sind, die in Gemeinschaft mit den Juden die Begegnung mit dem „König der Herrlichkeit" suchen. Ps 26 formuliert so die Juden und Christen gemeinsamen „Zulaßbedingungen" in den Raum der Gottesgegenwart.

Zwischen Ps 24 und Ps 26 hat eine spätere Redaktion den Psalm 25 gestellt. Zwar fehlt in Ps 25 ein ausdrücklicher Tempelbezug, doch ist auch in ihm das in den Psalmen 24 und 26 zentrale Thema „Lebensweg des Gerechten" aussagebestimmend. Die in der Mitte von Ps 25 stehende Frage: „Wer ist das: der Mann, der JHWH fürchtet?" (25,12a) schlägt den Bogen zurück zu den „Wer-Fragen" von Ps 24,3. Und die in 25,12b gegebene Antwort: „JHWH wird ihn im Weg unterweisen, den er wählen soll" läßt dann die Szenerie anklingen, die in Ps 24 im Sprachspiel des „Tempeleinlaßrituals" vorausgesetzt ist. Die Antwort auf die Frage nach dem rechten Lebensweg erklingt dort ja aus dem Inneren des Tempelbereichs als priesterliche „Lehre" (Tora) – im Auftrag JHWHs (Ps 24,3–5). In Ps 25,12b wird JHWH selbst als „Lebenslehrer" präsentiert, dessen Ankunft im Tempel ja im dritten Teil von Ps 24 angekündigt wird. Wenn Ps 25,1 mit dem Bekenntnis einsetzt „Zu dir, JHWH, *erhebe ich meine Seele*", schließt diese Bitte nicht nur szenisch stimmig an Ps 24,7–10 an. Dieses Bekenntnis ist zugleich wörtliche Aufnahme der in 24,4b formulierten Einlaßbedingung: „... wer *nicht erhoben hat* zu Falschem *seine Seele*". Unsere Auslegung, daß in Ps 24,4b das Wort „Falsches" sich auf falsche, nichtige Götter bezieht, findet in Ps 25,1 ihre Bestätigung. Die Beter von Psalm 25 suchen nicht die falschen Götter, sondern den einzig „richtigen" Gott, nämlich JHWH. Und inwiefern JHWH kein „falscher" Gott ist, wird in Ps 25 mit Anspielungen an die Erzählung Ex 32–34 von der erneuten Bekräftigung des von Israel gebrochenen Bundes sowie an die Verheißung des neuen Bundes zur Vergebung der Sünden in Jer 31,31–34 erläutert. Unter der Voraussetzung, daß Ps 25 auf der Ebene der Psalterredaktion *auch* als Gebet der Völker gemeint ist, wird hier der zunächst nur Israel zugesagte Gottesbund auf die Völkerwelt hin geöffnet. Der Bund steht denen offen, die sich von JHWH die Lebenswege lehren lassen – und diese Wege gehen (vgl. Ps 25,14).

Daß die Begegnung mit JHWH, als dem Gott der Treue und der Güte, vor allem die Gabe der Sündenvergebung erhofft, ist dann die Bitte, die unser Psalm 26 dem in seinem Heiligtum gegenwärtigen Gott vorträgt.

V. Gotteswunder

Nach einigen Tagen machte sich Maria auf den Weg und eilte in eine Stadt im Bergland von Judäa. Sie ging in das Haus des Zacharias und begrüßte Elisabet. Als Elisabet den Gruß Marias hörte, hüpfte das Kind in ihrem Leib. Da wurde Elisabet vom Heiligen Geist erfüllt und rief mit lauter Stimme: Gesegnet bist du mehr als alle anderen Frauen, und gesegnet ist die Frucht deines Leibes. Wer bin ich, daß die Mutter meines Herrn zu mir kommt? In dem Augenblick, als ich deinen Gruß hörte, hüpfte das Kind vor Freude in meinem Leib. Selig ist die, die geglaubt hat, daß sich erfüllt, was der Herr ihr sagen ließ. Da sagte Maria: Meine Seele preist die Größe des Herrn, und mein Geist jubelt über Gott, meinen Retter. Denn auf die Niedrigkeit seiner Magd hat er geschaut. Siehe, von nun an preisen mich selig alle Geschlechter. Denn der Mächtige hat Großes an mir getan, und sein Name ist heilig. Er erbarmt sich von Geschlecht zu Geschlecht über alle, die ihn fürchten. Er vollbringt mit seinem Arm machtvolle Taten: Er zerstreut, die im Herzen voll Hochmut sind; er stürzt die Mächtigen vom Thron und erhöht die Niedrigen. Die Hungernden beschenkt er mit seinen Gaben und läßt die Reichen leer ausgehen. Er nimmt sich seines Knechtes Israel an und denkt an sein Erbarmen, das er unsern Vätern verheißen hat, Abraham und seinen Nachkommen auf ewig. Und Maria blieb etwa drei Monate bei ihr; dann kehrte sie nach Hause zurück (Lk 1,39–56).

Psalm 29

1a *Ein Psalm. Von/für David*

1b *Gebt JHWH, ihr Göttersöhne,*
1c *gebt JHWH Ehre/Herrlichkeit und Kraft,*
2a *gebt JHWH die Ehre/Herrlichkeit seines Namens,*
2b *werft euch nieder vor JHWH in heiligem Schmuck!*

3a *Die Stimme JHWHs – über den Wassern,*
3b *der Gott der Herrlichkeit hat gedonnert,*
3c *JHWH – über den gewaltigen Wassern.*
4a *Die Stimme JHWHs – voll Macht,*
4b *die Stimme JHWHs – voll Pracht.*
5a *Die Stimme JHWHs – zerschmetternd Zedern.*
5b *Es zerschmetterte JHWH die Zedern des Libanon.*
6a *Er ließ hüpfen wie ein Kalb den Libanon*
6b *und den Sirjon wie einen jungen Büffel.*
7 *Die Stimme JHWHs – herausschlagend Feuerflammen.*
8a *Die Stimme JHWHs läßt beben die Wüste.*
8b *beben läßt (ließ?) JHWH die Wüste von Kadesch.*
9a *Die Stimme JHWHs wirbelt (wirbelte) empor Eichen,*
9b *und er riß kahl die Wälder.*

9c *Und in seinem Palast ruft alles „Ehre/Herrlichkeit!“*
10a *JHWH – auf/seit der Flut thront er,*
10b *es thront JHWH als König in Ewigkeit.*
11a *JHWH gebe Kraft seinem Volk.*
11b *JHWH segne sein Volk mit Frieden/Heil.*

Einführung

Das biblische Israel hat Wesen und Wirken seines Gottes nicht nur mit Bildern, die seiner unmittelbaren Erfahrung (Licht, Sonne, Wasser, Quelle, Vater, Mutter, Helfer, Retter, Richter usw.) entstammen, ausgedrückt, sondern auch mit mythischen Vorstellungen und Überlieferungen, die dem kulturellen und religiösen Raum, in dem Israel lebte, gemeinsam waren. Und es hat darüber hinaus Aussagen, die mit anderen Göttern und mit Göttinnen verbunden waren, in einem komplexen Prozeß auf JHWH übertragen, als in Israel jene religionsgeschichtlich *und* theologisch bedeutsame Religionsgestalt immer deutlicher wurde, die wir Monotheismus nennen.

Religionsgeschichtlich gesprochen muß man sagen: JHWH ist in seine Rolle als „einziger Gott" hineingewachsen, indem er Wirkweisen und Eigenschaften der anderen Gottheiten in sich aufnahm und so die Fülle des Gottseins, d.h. „Gott" schlechthin, wurde. *Dieser* Prozeß war im 6. Jh. v.Chr. im Prinzip abgeschlossen.

Psalm 29 hat unübersehbar Spuren dieses Prozesses von Aufnahme und Neuprägung solcher ursprünglich „nicht-jahwistischer" Vorstellungen bewahrt. Mehr noch: Hier wird die Überlegenheit JHWHs über andere Gottwesen proklamiert, und diese wird zugleich als rettende Zuwendung JHWHs zu seinem Volk konkretisiert. Der Psalm beginnt mit der mythischen Szenerie von dem inmitten der *Götterversammlung* thronenden Götterkönig El (der Psalm überträgt die Vorstellung auf JHWH: „Gebt nicht El, sondern JHWH Ehre ...!") und schließt mit der Zuspitzung, daß *dieser* Götterkönig sich (anders als „El") als König *auf der Erde* zum Wohl und inmitten seines Volkes erweist.

Hier wird die besondere Gestalt des *biblischen* Monotheismus sichtbar: Es geht nicht um die Frage der Existenz anderer Götter neben JHWH, sondern um die spezifische göttliche Wirkmächtigkeit, die JHWH allein zukommt. Der biblische Monotheismus bestreitet nicht die *Existenz* anderer Gottheiten, sondern deren göttliche bzw. gottgemäße *Wirksamkeit*. Er tut dies dadurch, daß er JHWHs Wirksamkeit nicht zuletzt dadurch steigert, daß er die anderen Gottheiten zugeschriebenen Tätigkeiten und Eigenschaften JHWH zueignet – in Anknüpfung und Widerspruch sowie vor allem in Um- und Neugestaltung des Aufgenommenen.

In unserem Psalm ist das Aufgenommene noch gut erkennbar. JHWH übernimmt und trägt Züge des kanaanäischen und aramäischen Götterkönigs El, der inmitten seiner Thronversammlung das Weltregiment ausübt. Und er wirkt als bzw. wie der kämpferische Gewitter- und Fruchtbarkeitsgott Baal, der das Ur-Chaos bzw. die Urflut bekämpft und dem Land/der Erde den Segen des Regens schenkt. Die ursprünglich mit dem Gott El verbundenen Vorstellungen sind in V. 1–2. 9c–10b erkennbar. Die Baal-Vorstellungen liegen in V. 3–9b in doppelter sprachlicher Gestalt vor. Einerseits liegt eine litaneiartige hymnische Reihung vor, die die Macht „der (Donner-)Stimme" Baal-JHWHs feiert (manche Bibelwissenschaftler sind der Meinung, daß diesen sieben Zeilen sogar ein altes kanaanäisches Fragment zugrundeliegt). Andererseits steht neben dieser „Litanei" mit ihren Zustandsaussagen eine Kette von erzählenden Sätzen, die sozusagen eine Geschichte über die Wirkmächtigkeit dieser Stimme erzählen; auch diese epischen Textteile sind von kanaanäischer Überlieferung geprägt. In V. 3b wird der Verschmelzungsprozeß von El- und Baal-Vorstellungen noch bis in den Wortlaut hinein greifbar: „der El der Herrlichkeit (wir haben oben „der Gott der Herrlichkeit" übersetzt, es steht aber noch der Gottesname „El" im hebräischen Text) hat gedonnert" (mit seiner Donnerstimme = Baal). Auch in V. 10a („er thront über *der Flut*") liegt noch eine *auch* mit Baal verbundene Vorstellung vor.

Über die Entstehung dieses religionsgeschichtlich komplexen Psalms gehen die Forschungsmeinungen weit auseinander. Er kann in seiner Grundgestalt V. 1–10 b durchaus in (früher bzw. mittlerer) vorexilischer Zeit verfaßt sein und wäre dann ein Zeugnis der alten Tempeltheologie. Die erweiternde Bitte V. 11 dürfte auf jene Redaktion zurückgehen, die den „alten" Tempelpsalm in den Zusammenhang der Nachbarpsalmen einfügte.

Der Psalm ist *klar gegliedert*: JHWH als thronender König (V. 1–2), Wirken der Stimme JHWHs (V. 3–9 b), JHWH als thronender König (V. 9 c–10 b); Schlußbitten an JHWH (V. 11).

Auslegung

Der Psalm versetzt uns in seinen beiden äußeren Teilen (V. 1–2 und V. 9 c-10 b) in den Palast des Götterkönigs JHWH, also in die Sphäre des Göttlichen. Wo dieser Palast steht, wird nicht ausdrücklich gesagt. Daß JHWHs Palast im Himmel ist und daß der Tempel in Zion der Ort ist, wo der „himmlische" JHWH auf Erden gegenwärtig wird, ist eine Konzeption, die ab der exilischen Zeit in den Texten greifbar wird. In vorexilischer Zeit gibt es diese Trennung noch nicht. Da ist vielmehr der irdische Tempel die „vordergründig" wahrnehmbare Sphäre der „hintergründig" wirklichen Sphäre des „eigentlichen", mythischen Palastes JHWHs (vgl. Jes 6). Der Tempel ist der Ort, an dem die mythische Residenz zugänglich ist, wo JHWH inmitten der Göttersöhne als Weltenkönig thront, und der Ort, von dem aus er in besonderer Weise wirkt. Der „mythische", unsichtbare Palast und der „irdische", sichtbare Palast sind demnach unterschiedliche Dimensionen ein und derselben göttlichen Wirklichkeit, die wie ein Kraftzentrum alles zusammenhält.

Im *ersten Teil (V. 1–2)* werden die „Göttersöhne" aufgefordert, JHWH als dem „eigentlichen" Gott zu huldigen. Wie wir bereits ausgeführt haben, zeichnet diese Szene JHWH nach dem Vor-Bild des kanaanäischen Pantheon. Die „Götter", die hier als eine Art himmlischer Thronrat um den Thron des höchsten Gottes versammelt sind, werden aufgerufen, ihn als „König voll von Herrlichkeit und Kraft" anzuerkennen und zu feiern. Daß sie dazu mit dem Imperativ „gebt, bringt dar" aufgerufen werden, entspricht dem synthetischen Denkmuster. Sie geben dem Götterkönig lobpreisend zurück, was sie an göttlichem Glanz und an göttlicher Herrlichkeit von ihm empfangen (haben). Das mehrt zugleich die Ehre und Herrlichkeit des Götterkönigs selbst. Daß diese in kanaanäischer Tradition dem höchsten Gott El unstreitig zukommende Würde hier durch die Götter ausdrücklich JHWH zugesprochen wird, hebt hervor, daß JHWH die Position Els übernommen hat. Die in V. 2b geforderte Huldigung im Gestus des Niederfallens (Proskynese) ist Ausdruck der Anerkennung des Königs *und* der Bereitschaft, sich von diesem König in Dienst nehmen zu lassen. Möglicherweise soll in V. 2 auch auf die im „irdischen" Tempel vollzogene Lobpreisung des Namens JHWH, die „in heiligem Schmuck" (kultische Gewänder?) geschieht, angespielt werden.

Der *mittlere Teil (V. 3a-9b)* besingt hymnisch und episch das Wirken des Götterkönigs JHWH – nun aber, wie schon angedeutet wurde, mit Bildern einer machtvollen Gewittertheophanie, die ursprünglich mit dem kanaanäischen Gewittergott Baal verbunden waren. In zwei Abschnitten werden zwei unterschiedliche Wirkweisen der „Donnerstimme" Baals (bzw. Els) zur Sprache gebracht.

Der *erste Abschnitt V. 3–4* feiert das Ertönen der Gottesstimme als Unterwerfung und Bändigung der Chaoswasser „über und außerhalb der Erde" (vgl. besonders Ps 93,3–4 und 104,7). Diese Entmachtung der gewaltigen, zerstörerischen Urwasser konstituiert und garantiert die Welt als Ort des Lebens und der Fruchtbarkeit.

Der *zweite Abschnitt V. 5a-9b* erzählt in einer neunzeiligen Ringkomposition mit der Zeile V. 7 als Mitte das „auf der Erde" sich ereignende Wirken der „Gottesstimme". Von außen nach innen stellt diese Komposition die Gottesmächtigkeit der Stimme in drei Wirkungen dar (vgl. den kritischen „Kommentar" dazu in 1 Kön 19,11–13): als Sturm (V. 5 und V. 9), als Erdbeben (V. 6 und V. 8) und als Feuer, das aus hartem Sein (mit/wie Blitz) herausgeschlagen wird (V. 7). Diese Erschütterung der Welt, die die weltüberlegene Macht dieser Gottesstimme und damit dieses Gottes selbst szenisch mitteilt, wird sogar in theologischer Topographie lokalisiert. Sie ereignet sich – nimmt man die Ringkomposition ernst – vom Norden (Libanon; Sirjon ist ein poetischer Name für den Berg Hermon: vgl. Dtn 3,9) und vom Süden (Kadesch: Sinaihalbinsel) her und zielt damit genau auf die Region Israel bzw. auf Jerusalem als den Ort, wo der Tempel als Zugang zur mythischen Sphäre des Götterkönigs Baal-El-JHWH steht. Daß mit dem Bild von der Feuermacht der Gottesstimme in der Mitte der Komposition zugleich auf JHWH als Sinaigott angespielt wird (vgl. Ex 19), ist nicht unwahrscheinlich. In jedem Fall ist V. 3–9 eine mythisch-hymnische Proklamation der sich *in dieser Welt* offenbarenden Gottesstimme JHWHs – und zwar mit souveräner das Chaos bekämpfender und bändigender Macht.

Angesichts dieser die ganze Welt durchwaltenden Mächtigkeit JHWHs schließt sich der *dritte Teil (V. 9c–10b)* konsequent an. Er schildert den Vollzug der im ersten Teil geforderten Huldigung aller „Gottessöhne" vor diesem „König der Herrlichkeit", dessen Königsmacht in V. 10a noch einmal (mit Baal-Bildern) in seiner Beziehung zur „Flut" ausgesagt wird. Der hebräische Wortlaut ist hier mehrdeutig. Wenn übersetzt wird: „Er thront *auf/über* der Flut", ist die in V. 3–4 gefeierte Bekämpfung und Bändigung der Chaoswasser gemeint. Wird übersetzt „Er thront *seit* der Flut", wird auf die Sintfluterzählung bzw. auf die am Ende der Sintflut verkündete Königsherrschaft Gottes angespielt. Beide Male geht es um die Aussage, daß JHWH als der in seinem „Palast" thronende Götter- und Weltkönig „die Flut" bändigt – zum Wohle der Schöpfung, und dies bis ans Ende der Weltzeit.

Die den Psalm (sekundär) beschließende *Bitte V. 11* erhofft von *diesem* Götter- und Weltkönig, daß sich seine mythische Mächtigkeit für sein Volk Israel in jenen Heilsgaben erweisen möge, die es mehr braucht als die Gaben Baals: Kraft in der Not und Frieden angesichts feindlicher Bedrohung.

Kontext

Psalm 29 bildet, wie wir bereits oben bei der Auslegung von Ps 27 gesehen haben, die *Mitte der Psalmengruppe Ps 25–34*. Dies ist zunächst in formgeschichtlicher Hinsicht erkennbar. Mit Ps 25 beginnt eine Reihe von Bittgebeten, die bis Ps 28 reicht. Ab Ps 30 folgt eine Reihe von Dankgebeten, die bis Ps 34 geht. Von diesen Bitt- und Dankgebeten, die literarisch als Gebete von einzelnen („Ich") gestaltet sind, hebt sich Ps 29 als „Theophaniehymnus" deutlich ab. Zugleich ist seine Sonderstellung in dieser Psalmengruppe offenkundig: Die Bittgebete laufen auf Ps 29 zu, die Dankgebete kommen von Ps 29 her. Ps 29 feiert demnach das machtvolle Gotteswirken JHWHs, das sich vor allem in jenen Lebenssituationen erweist, die in den Psalmen 25–28 und 30–34 zur Sprache kommen. Die Bittgebete sind insgesamt eine Bewegung der Gott-Suche, und die Dankgebete sind Ausdruck des Glücks darüber, daß diese Gott-Suche nicht ins Leere geht. Im Psalmenzusammenhang Ps 25–34 kann man deshalb auch die in Ps 29,11 formulierte Bitte um „Kraft" und um „Frieden/Heil" auf jene Nöte hin verstehen, die in den Nachbarpsalmen gebündelt sind.

Psalm 29 zeigt den Ort, an dem Bittgebete gehört und wo für Gottes Zuwendung gedankt werden soll. Es ist der sichtbare Tempel als „Zugang" zur unsichtbaren Sphäre des „Königs der Herrlichkeit", den Ps 29 mit mythischen Bildern nahebringen will. Dieser Tempelbezug wird in der Psalmengruppe insgesamt sichtbar. Er zieht sich wie ein roter Faden durch diese Psalmen. In *Psalm 26* spielt in V. 6 das „Umschreiten des Altares" unüberhörbar auf den Tempel an, der dann in V. 8 als „Haus JHWHs" und als „Ort der Wohnung seiner Herrlichkeit" genannt wird. *Psalm 27* schildert den Tempel als Ort der Gottesschauung (V. 4), als rettende Hülle der Zuflucht und als bergendes Zelt (V. 5). In *Psalm 28* richtet sich das Bittgebet ausdrücklich hin zu dem im Allerheiligsten des Tempels als gegenwärtig gesuchten Gott (28,2: „Höre die Stimme meines Flehens um Erbarmen, wenn ich zu dir schreie, wenn ich meine Hände erhebe zu deinem Allerheiligsten hin"). *Psalm 30* ist von einer Redaktion sogar ausdrücklich als „Tempelpsalm" verstanden worden, indem sie ihm die Überschrift „Zur Tempelweihe" gegeben hat. Im Psalm selbst hat die Aussage von V. 8 „JHWH – in deiner Huld hattest du mich auf schützende Berge gestellt" als Anspielung auf den rettenden Berg Zion einen Tempelbezug; auch das Motiv vom Tanz als Ausdruck der Freude über die erfahrene Rettung könnte man als Anspielung auf Tanzreigen im Tempelbezirk (vgl. Ps 118,27) verstehen. Auch bei der Rede vom „schützenden Felsen" und von der „festen Burg" in Ps 31,3–4 kann man an den Tempel denken; in jedem Fall klingen im Dank für den bergenden Schutz des Angesichts JHWHs und für die rettende „Hütte" (Ps 31,21; vgl. Ps 27,5) tempeltheologische Vorstellungen an. Schließlich kann man die in Ps 32,6–7 dargestellte Rettung des Beters „vor Unheilswassern" und den den Geretteten umgebenden Jubel der Gemeinde als tempeltheologisch aufgeladene Motive lesen.

Jeweils für sich betrachtet, mögen sich diese Tempelbezüge nicht alle mit gleicher Stärke zu Wort melden. Aber wenn man sie im Horizont des „Tempelpsalms" 29 hört, sind sie unüberhörbar. Sie holen gewissermaßen die mythischen Bilder von Psalm 29 in die reale Alltagswelt Israels hinein und wehren so zugleich das Mißverständnis ab, JHWH sei nichts anderes als Baal oder El. Die Schlußbitte in Ps 29,11, die die Zuwendung des in Ps 29 gefeierten Gottes zu „seinem Volk" erfleht, widersetzt sich ohnedies diesem Mißverständnis, weil hier die aus der Natur stammenden Bilder vom Gewittergott durch die Bilder des sozialen Lebens gebrochen werden. Der Psalm erfleht nicht „den Regen", die spezifische Gabe Baals, sondern „Frieden und Heil" für das Gottesvolk. Dieser Vers schlägt mit seiner Israelperspektive den Bogen zu den beiden Rahmenpsalmen der Gruppe 25–34. Die *Psalmen 25 und 34* sind vielfältig aufeinander bezogen. Vor allem stehen ihre Schlußzeilen in einem Entsprechungsverhältnis. Ps 25,22 ist eine Bitte: „Erlöse, Gott, Israel aus all seinen Nöten!" Ps 34,22 ist ein auf diese Bitte antwortendes, dankbares Bekenntnis: „JHWH erlöst die Seele (das Leben) seiner Knechte". Ps 29 als Mitte der Komposition Ps 25–34 beschwört hymnisch und in mythischen Bildern das letztlich unbegreifliche Geschehen, daß und wie der „König der Herrlichkeit", das heißt der transzendente Gott, in dieser Welt gegenwärtig wird – als Kraft gebender und Heil schaffender Gott.

Im übrigen erinnern wir uns: Die Voraussetzungen dafür, *diesem* zu seinem heiligen Berg kommenen „König der Herrlichkeit" zu begegnen, sind in dem von uns bereits ausgelegten Psalm 24 festgehalten. Psalm 24 steht deshalb gezielt *vor* der Komposition Ps 25–34.

Psalm 87

1a *Von den Korachiten. Ein Psalm. Ein Lied.*

1b *Seine Gründung auf heiligen Bergen*
2a *liebt JHWH,*
2b *die Tore Zions*
2c *mehr als alle Wohnstätten Jakobs.*
3a *Herrliches wird gesagt in/von dir,*
3b *Stadt Gottes. SELA.*

4a *„Ich verzeichne Rahab und Babel unter die, die mich kennen,*
4b *siehe, hinsichtlich Philistäa und Tyrus zusammen mit Kusch:*
4c *Der ist dort geboren."*
5a *Ja, zu Zion wird gesprochen:*
5b *„Jeder einzelne ist in/aus ihr geboren.*
5c *Ja, er hat sie zugerüstet, der Höchste."*
6a *JHWH zählt,*
6b *wenn er die Völker aufschreibt:*
6c *„Der ist dort geboren." SELA.*

7a *Sie singen und tanzen:*
7b *„Alle meine Quellen sind in/von dir."*

Einführung

Mit Zion und Jerusalem verbinden sich für die Religion Israels wichtige Vorstellungen, deren Wurzeln bis in die vorisraelitische Zeit zurückreichen. Als „Berg Gottes" und „Stadt Gottes" ist Jerusalem Königssitz und Thronstätte des höchsten Gottes. Von hier aus hält er das kosmische Chaos nieder. Am Gottesberg scheitert der chaotische Sturm der Völker. Der auf dem Zion residierende und regierende Gott gibt den in seiner Stadt wohnenden oder sich dort bei ihm versammelnden Menschen Schutz und Rettung. Ja, sein Schutz und Segen begleitet die, die zu einer „Audienz" nach Zion/Jerusalem kommen, auch weiterhin – sogar fern vom Zion, eben vom Zion aus (vgl. Num 6,24–26 mit Ps 128,5; 134,3). In nicht wenigen Texten des Ersten Testaments ist Zion/Jerusalem eine aktive, dynamische Größe. Zion ist „nicht einfach nur ein Ausdruck für lebloses Gelände und seine Bauten. Die Stadt als Ort hat hier überraschenderweise zugleich eine tätige Funktion an und für Menschen. Ja mehr noch – diese Qualität tätiger Funktion verdichtet sich offenbar nachgerade darin, daß Zion als – und nicht nur vergleichend wie! – eine Person dargestellt wird, als eine weibliche Person mit einer zweifachen personalen Relation: hinsichtlich JHWHs und hinsichtlich der Menschen" (O.H. Steck). In diesen Texten wird Zion verkündigt und gefeiert als Geliebte/Braut/Ehefrau JHWHs *und* als Mutter des (neu-)geborenen Gottesvolks bzw. der JHWH als alleinigen Gott verehrenden Völkerwelt.

Unser Psalm 87 ist einer jener Texte, die Zion als Geliebte JHWHs und als Mutter der Völker besingen. Das Thema erhält hier seine besondere Zuspitzung: Es geht nicht mehr um die Rettung „Zions" bzw. der „Zionskinder" vor den Völkern, sondern um die Rettung der Völker durch Zion.

Leider bereitet der überlieferte Wortlaut von Ps 87 eine Reihe von Verstehensschwierigkeiten, die zu zahlreichen Textänderungen bzw. „Verbesserungsvorschlägen" der Bibelwissenschaft geführt haben. Schon die alten Übersetzungen, insbesondere die Septuaginta, bieten abweichende Textgestalten und dokumentieren so auf ihre Weise die Probleme, die schon sie mit dem hebräischen Text hatten. Gleichwohl gewinnt in neuerer Zeit die Auffassung an Boden, die den *überlieferten* Text als verstehbar beibehält und auslegt. Auch die Einheitsübersetzung geht erfreulicherweise diesen Weg.

Liest man diesen Psalm nach der Leseregie, die sein Anfang vorgibt, will er die besondere Liebe JHWHs zu Zion poetisch darstellen. Dann aber ist die in der Exegese umstrittene Frage nach dem Sprecher der in V. 4–6 mit direkter Rede zitierten Geburtsproklamationen eigentlich schon entschieden: Es ist JHWH selbst, wie ja auch V. 6 unmißverständlich sagt. So ergibt sich als *mittlerer Abschnitt* des Psalms *V. 4–6*. Er ist konzentrisch gegliedert, worauf zwei Bauformen hinweisen: (1) Die Abfolge der drei Geburtsproklamationen ist nach dem Schema ABA gestaltet. V. 4: Der ist dort geboren (A). V. 5: Jeder einzelne ist in ihr geboren (B). V. 6: Der ist dort geboren (A). (2) V. 4 und V. 6 bilden motivlich einen Rahmen (*inclusio*); in beiden Versen steht das Bild von JHWH, der die Völker aufschreibt, im Hintergrund.

Um diesen Mittelteil legen sich die beiden *äußeren Abschnitte V. 1b-3b und V. 7*. Sie sind durch die Angabe „in dir" (V. 3a und V. 7b) aufeinander bezogen; durch diese Angabe sind sie auch mit dem Zentrum des Psalms V. 5b verwoben. Diese Dreiteilung von Psalm 87 wird auch durch das am Ende von V. 3 und von V. 6 stehende Signalwort SELA angezeigt und bestätigt. Man kann erwägen, ob man im ersten Abschnitt V. 1b–2c nochmals von V. 3ab strukturell abtrennt, weil V. 3 die Gottesstadt in der 2. Person anredet, während V. 1b–2 über Zion in der 3. Person redet. Dann würde V. 1b–2 das Thema des Psalms angeben, das anschließend im eigentlichen Psalmkorpus V. 3–7 durchgeführt wird.

Der Psalm, den man als zusammenfassende Neuinterpretation der ebenfalls den Korachiten zugeschriebenen Psalmen 46 und 48 lesen kann (es gibt mehrere Stichwortaufnahmen), bietet eine nachexilische Neufassung der vorexilischen Zionstheologie. Möglicherweise ist der

Psalm sogar eigens für seinen jetzigen literarischen Zusammenhang im Psalter verfaßt worden. Mit der erstaunlichen Offenheit, in der er die Beziehung der Völker zu Israel sieht, könnte er einerseits positive Erfahrungen der persischen Epoche aufgreifen, andererseits könnte er auch als eschatologisch-utopischer Entwurf verstanden werden, der sich den Erschütterungen entgegenstemmt, die durch den Zusammenbruch des Perserreichs oder auch erst des Alexanderreiches ausgelöst wurden. So kommt für den Psalm als Entstehungszeit die Epoche zwischen 500 und 300 v. Chr. in Frage.

Auslegung

Der *erste Abschnitt (V. 1–3)* des Psalms gibt das Thema des Psalms an (V. 1–2) und unterstreicht dessen Bedeutung (V. 3). Der Psalm will die Besonderheit Zions und der auf ihm gelegenen Gottesstadt Jerusalem beschreiben und erzählen, und zwar in dreifacher Hinsicht: Einmal wird mit mythischen Bildern die schöpfungstheologische Bedeutung der Gottesstadt hervorgehoben. Sie ist als solche von JHWH selbst „auf heiligen Bergen" gegründet und erbaut. Die „heiligen Berge" sind der kosmische Ur-Berg, der als Weltberg und Paradiesberg zugleich der Erde Festigung und Leben vermittelt (vgl. Ps 48,2f; Jes 2,2; 11,9). Der Zion übt diese Lebensmächtigkeit dadurch aus, daß auf seiner Spitze die Gottesstadt liegt, in der JHWH inmitten seiner Schöpfung und zum Heil der Schöpfung wohnt. Zum Zweiten ist diese Stadt eine der „Wohnstätten Jakobs" (vgl. Ps 78,28). Als solche hat sie teil an der Geschichte Israels als des Volkes JHWHs, ja sie spielt eine entscheidende Rolle für die Identität Israels. JHWH selbst hat sein Volk in diese Gottesstadt geführt, damit es sich dort als sein „besonderes Eigentumsvolk" erfahren kann, „auf dem Berg seines Erbes"

(Ex 15,17f). Und zum Dritten gilt: JHWH liebt diese Stadt. Er hat sich diese Stadt unter allen anderen Städten der Erde auserwählt – und ist geradezu in sie verliebt. Der Psalm läßt mit der Formulierung „Tore Zions" eigenartig in der Schwebe, unter welchem Aspekt Jerusalem diese seine dreifache Bedeutung besonders verwirklicht. „Tore Zions" ruft zunächst in Erinnerung, daß Jerusalem eine Stadt ist, und das heißt: Sie ist kulturelles und kultisches Zentrum seines Umlandes. Sie bietet mit ihren Mauern Schutz und Sicherheit. An ihren „Toren" wird Recht gesprochen. Wer „in ihren Toren" wohnen und bleiben darf, hat Bürger- und Gastrecht. Darüber hinaus gibt es in Jerusalem besondere „Tore", nämlich die „Tore der Gerechtigkeit" am Eingang zum Heiligtumsbezirk. Und diese Tore können dann als Metapher für die von JHWH selbst von seinem Heiligtum aus gesetzte und proklamierte Rechtsordnung (vgl. Ps 24; 118,19) sein – für Israel *und* die Völker (vgl. Jes 2,1–5).

Der *Mittelabschnitt (V. 4–6)* ist durchgängig von dem Bild geprägt, daß JHWH den Mitgliedern der vielen Völker das Bürgerrecht seiner Gottesstadt zuerkennt, indem er sie in deren „Bürgerliste" einträgt. Ob hier die im Alten Orient auch sonst belegte Vorstellung vom himmlischen Lebens- und Schicksalsbuch im Hintergrund steht, oder ob hier (mir wahrscheinlicher) die im Zusammenhang mit der Institution der Bürger-Tempel-Gemeinde (vgl. Ex 32,32; Jes 4,3; Ez 13,9) aufgekommene namentliche Registrierung ihrer Mitglieder die Idee geliefert hat, ist zweitrangig gegenüber der Feststellung: JHWH spricht hier Angehörigen der beiden großen traditionellen Feindmächte Ägypten (Rahab) und Babel sowie der Länder Philistaia, Phönikien und Kusch (Äthiopien) rechtlich verbindlich eine personale Bindung (mit Rechten und Pflichten) an Zion/Jerusalem zu.

Die Aufzählung der fünf Namen ist nicht exklusiv gemeint. Vielmehr ist der ganze Erdkreis intendiert, als dessen Mitte („Nabel") Zion proklamiert wird. Die genannten Namen markieren nämlich die vier Himmelsrichtungen West (Ägypten), Ost (Babel), Nord (Philisterland und Tyrus) und Süd (Kusch). In dieser geographischen/räumlichen Perspektive ist Zion ein Ort. Andererseits klingen in der Mitte des Psalms durchaus personale Töne an, die Zion als Frau und Mutter sehen. Diese Multivalenz von Zion als Ort und Zion als Frau entspricht der Metamorphose Zions vom Gelände zur Gestalt bzw. von der Stadt als Ort zur Stadt als Frau im Jesajabuch (vgl. Jes 49,22; 51,18; 54,1). Während in Jes 54,1–10 und in Jes 66,7–14 Zion als Mutter der Israeliten gezeichnet wird, wird diese Metapher hier zu Zion als Mutter der Völker ausgeweitet – nicht durch „natürliche" Geburt, sondern durch Festsetzung und Erwählung JHWHs selbst. Von der Themenangabe in V. 1–2 her ist freilich wichtig: JHWH schenkt die Völker Zion als „Kinder", weil er Zion liebt.

Daß die Völker sich *so* mit Zion/Jerusalem verbunden wissen können und sollen, hängt mit der besonderen Aufgabe zusammen, die JHWH Zion/Jerusalem zugesagt hat: „Von Zion geht die Weisung JHWHs aus und sein Wort von Jerusalem" (Jes 2,3). Dort sollen die Völker mit Israel zusammen jenen Frieden lernen, der die Schöpfung an ihr Ziel führt, nämlich Haus des Lebens und der Freude *für alle* zu sein (vgl. Jes 2,4).

Das ist die eschatologische Vision, die der kurze *dritte Abschnitt (V. 7)* mit dem Bild eines Festes entwirft. Das Lied, das die Völker tanzend singen, ist gewissermaßen die freudige Annahme Jerusalems durch die Völker und der ihnen von JHWH durch ihr Jerusalemer „Heimatrecht" auferlegten Friedensordnung. Das Motiv von den Quellen greift an den Anfang des Psalms zurück. Zum Bildensemble des Welt- und Paradiesberges, aber auch zur Vorstellungswelt der auf dem Weltberg gelegenen Gottesstadt und des Tempels gehört die Quelle lebendigen und unaufhörlich fließenden Wassers als Realsymbol des Lebens (vgl. besonders Gen 2,10–14; Ps 46,5; Ez 47,1–12; Offb 22,1f). Wenn und wo die Völker zusammen mit Israel die von JHWH gewollte Rechts- und Friedensordnung lernen und leben, brechen in der Tat paradiesische Zeiten an.

Unser Psalm hält an dieser Utopie fest – in einem zeitgeschichtlichen Zusammenhang, der voller kriegerischer Unruhe ist und in dem Jerusalem alles andere als ein Ort des Friedens ist. Das ist heute leider nicht anders. Gerade deshalb brauchen wir biblische Texte wie unseren Psalm 87. Wir dürfen ja nicht vergessen: Im Mittelabschnitt des Psalms redet immerhin Gott selbst. Und dieser Mittelteil betont nicht von ungefähr, daß JHWH selbst Jerusalem für diese Aufgabe zurüstet (V. 5c). So gilt: Wo immer Menschen diesen Psalm singen, bleibt sein Traum lebendig für Israel und die Völker.

Kontext

Die (redaktionelle) Überschrift „Von den Korachiten" ordnet unseren Psalm in die Teilgruppe Ps 84–85.87–88 ein. Liest man diese Gruppe als Zusammenhang, ergibt sich, wie wir oben schon bei der Auslegung von Psalm 84 und Psalm 85 gesehen haben, die thematische Abfolge Klage/Bitte (84; 85,2–8) – Antwort Gottes (85,9–14; 87) – Klage (88). Gemeinsam ist den drei aufeinanderfolgenden Psalmen 84.85.87 die Vorstellung von JHWH als dem Mittler von Segen, Glück und Frieden. Ps 84 und Ps 87 nennen ausdrücklich Zion als den Ort, von dem aus JHWH denen, die ihn suchen und ihn als ihren Gott-König anerkennen, seine königlichen Gaben zukommen läßt; Ps 84 und Ps 87 verwenden für das von JHWH geschenkte Glück das Bild von den Wasserquellen (84,7; 87,7). Ps 85 malt diese königlichen Gaben in gemeinsamen Farben und Bildern, die sonst vor allem in eschatologischen Verheißungen vom neuen Himmel und von der neuen Erde begegnen. In diesem Horizont zeichnet Ps 87 mit seiner Vision vom universalen Frieden, der am Zion gestiftet wird, ein eschatologisches Gemälde, nach dessen Verwirklichung Ps 84 und Ps 85,2–8 sich ausstrecken und dessen Begründung Ps 85,9–14 bietet. Im meditierenden Zusammenhang ist Ps 87 die Zusage, die JHWH denen gibt, die sich im und mit dem Psalm 84 auf den Weg machen – hin zum Zion. Es sind *auch* die bislang Israel bekämpfenden und unterdrückenden Völker. Unsere Psalmenkomposition träumt davon, daß die Völker am Zion von JHWH verwandelt und zu „Mit-Bürgern" und guten Nachbarn Israels werden. Das Ende der Feindschaft wird nicht dadurch kommen, daß JHWH das Ende, d.h. die Vernichtung der Feinde bewirkt, sondern dadurch, daß er der Feindschaft ein Ende setzt und sie in Freundschaft verwandelt. Es ist der Traum, daß weltweite Gerechtigkeit durch Aussöhnung geschieht – vermittelt durch die Anerkenntnis JHWHs als des alleinigen und *allen* gemeinsamen Gottes.

Psalm 87 hat auch einen kontextuellen Bezug zu Psalm 83, dem Schlußpsalm der Asafsammlung (50.)73–83. Diese Sammlung setzt sich mit der Erschütterung auseinander, die die Eroberung Jerusalems und insbesondere die Zerstörung des Tempels durch die (Neu-)Babylonier 586 ausgelöst hat. Diese Katastrophe traf nicht nur das „Dogma" von der Unzerstörbarkeit Jerusalems als der Gottesstadt und vom Zion als dem kosmischen Weltberg, an dem die Feinde zerschellen. Noch viel mehr stellte sie die Frage nach der Treue JHWHs zu seinem Volk *und* nach der Macht JHWHs inmitten der Götter- und Völkerwelt. Israel ist diesen Fragen nicht ausgewichen und hat in immer neuen Anläufen Antworten gesucht. *Zwei* dieser Antworten sind Psalm 83 und Psam 87, denen bei aller Unterschiedlichkeit eines gemeinsam ist: Beide Psalmen halten daran fest, daß auch die Völker eines Tages das Weltkönigtum JHWHs anerkennen werden – und daß JHWH zur Verwirklichung dieser Zukunft sich Zions bedient. Psalm 83 zeichnet diese Rolle Zions bzw. Israels mit gerichtstheologischen Bildern; die Völker werden von JHWH besiegt und zur Anerkenntnis seiner Herrschaft gezwungen. Psalm 87 zeichnet die Völker bei einem großen Fest, bei dem diese ihre Eingliederung in das Reich Gottes mit Jubelgesängen und Freudentänzen feiern. Von daher kann man Psalm 87 durchaus als Kontrast zu Psalm 83 lesen.

In der Endgestalt des Psalters steht zwischen den Korachpsalmen 84–85.87–88 auffallenderweise der „Davidpsalm" 86. Es spricht alles dafür, daß der Psalm hier erst nachträglich eingeschoben wurde; möglicherweise wurde er sogar erst für diesen Zusammenhang verfaßt. Der Psalm ist das Gebet eines „Armen" und „Verfolgten", den die Überschrift mit „David" identifiziert. Er schreit mit Leidenschaft zu JHWH, dieser möge doch endlich seine Verheißungen erfüllen, die er schon am Sinai gegeben habe, wo er sich als ein barmherziger und gnädiger Gott, als ein vergebungswilliger Gott und als ein Gott reich an Güte und Treue geoffenbart habe (vgl. Ps 86,5.15 mit Ex 34,6f). Darin, so bekennt Ps 86,8, ist JHWH inmitten der altorientalischen Götterwelt einzigartig. Und diese Einzigartigkeit schlägt gemäß Ps 86,9–10 letztendlich alle Völker in Bann. Deshalb werden auch sie zum Zion kommen und sich JHWH unterwerfen, um dieser seiner Wundermacht teilhaftig zu werden. *Dieses* Gebet Davids hat im Zusammenhang mit Ps 84–87 unüberhörbar messianische Töne. Es ist ein „messianischer" David, der (in der Nachfolge des deuterojesajanischen Gottesknechts: vgl. Ps 86,4) als von JHWH Geretteter (vgl. Ps 86,17) selbst zum Retter wird.

VI. Gotteslob

Dann kam für sie der Tag der vom Gesetz des Mose vorgeschriebenen Reinigung. Sie brachten das Kind nach Jerusalem hinauf, um es dem Herrn zu weihen, gemäß dem Gesetz des Herrn, in dem es heißt: Jede männliche Erstgeburt soll dem Herrn geweiht sein. Auch wollten sie ihr Opfer darbringen, wie es das Gesetz des Herrn vorschreibt: ein Paar Turteltauben oder zwei junge Tauben. In Jerusalem lebte damals ein Mann namens Simeon. Er war gerecht und fromm und wartete auf die Rettung Israels, und der Heilige Geist ruhte auf ihm. Vom Heiligen Geist war ihm offenbart worden, er werde den Tod nicht schauen, ehe er den Messias des Herrn gesehen habe. Jetzt wurde er vom Geist in den Tempel geführt; und als die Eltern Jesus hereinbrachten, um zu erfüllen, was nach dem Gesetz üblich war, nahm Simeon das Kind in seine Arme und pries Gott mit den Worten: Nun läßt du, Herr, deinen Knecht, wie du gesagt hast, in Frieden scheiden. Denn meine Augen haben das Heil gesehen, das du vor allen Völkern bereitet hast, ein Licht, das die Heiden erleuchtet, und Herrlichkeit für dein Volk Israel. Sein Vater und seine Mutter staunten über die Worte, die über Jesus gesagt wurden. Und Simeon segnete sie und sagte zu Maria, der Mutter Jesu: Dieser ist dazu bestimmt, daß in Israel viele durch ihn zu Fall kommen und viele aufgerichtet werden, und er wird ein Zeichen sein, dem widersprochen wird. Dadurch sollen die Gedanken vieler Menschen offenbar werden. Dir selbst aber wird ein Schwert durch die Seele dringen. Damals lebte auch eine Pro-

phetin namens Hanna, eine Tochter Penuëls, aus dem Stamm Ascher. Sie war schon hochbetagt. Als junges Mädchen hatte sie geheiratet und sieben Jahre mit ihrem Mann gelebt; nun war sie eine Witwe von vierundachtzig Jahren. Sie hielt sich ständig im Tempel auf und diente Gott Tag und Nacht mit Fasten und Beten. In diesem Augenblick nun trat sie hinzu, pries Gott und sprach über das Kind zu allen, die auf die Erlösung Jerusalems warteten (Lk 2,22–38).

Psalm 91

1a *Es wohnt im Schutz des Höchsten (Eljon),*
1b *im Schatten des Allmächtigen (Schaddaj) nächtigt,*
2a *wer zu JHWH sagt: „Meine Zuflucht und meine Burg bist du,*
2b *mein Gott, auf den ich vertraue!“*

3a *Ja, er ist es, der dich rettet vor der Falle des Voglers,*
3b *vor dem tötenden Stachel.*
4a *Mit seinen Schwingen beschützt er dich,*
4b *und unter seine Flügel kannst du flüchten.*
4c *Schutzwehr und Schild ist seine Treue.*
5a *Nicht brauchst du dich zu fürchten vor dem Schrecken der Nacht,*
5b *vor dem Pfeil, der fliegt am Tage,*
6a *vor der Pest, die im Dunkel umhergeht,*
6b *vor der Seuche, die verwüstet am Mittag.*
7a *Es fallen an deiner Seite tausend*
7b *und zehntausend an deiner Rechten.*
7c *An dich kommt es nicht heran.*
8a *Du schaust nur zu mit deinen Augen*
8b *und siehst die Vergeltung an den Frevlern.*
9a *Ja (du hast gesagt): „JHWH ist meine Zuflucht!“*
9b *Den Höchsten (Eljon) hast du gemacht zu deiner Wohnung.*
10a *Nicht widerfährt dir Böses,*
10b *und eine Plage naht nicht deinem Zelt.*
11a *Ja, seine Boten entbietet er für dich,*
11b *dich zu behüten auf all deinen Wegen.*
12a *Auf Händen tragen sie dich,*
12b *daß dein Fuß nicht an einen Stein stoße.*
13a *Über Löwen und Ottern schreitest du,*
13b *du zertrittst Junglöwen und Drachen.*

14a *„Weil er mir anhangt, rette ich ihn,*
14b *ich schütze ihn, weil er meinen Namen kennt.*
15a *Er ruft mich, und ich antworte ihm.*
15b *Mit ihm bin ich in der Bedrängnis,*
15c *ich befreie ihn und bringe ihn zu Ehren.*
16a *Mit der Länge von Tagen sättige ich ihn,*
16b *und ich lasse ihn sehen meine Rettung."*

Einführung

Von seiner Sprachgestalt her *gliedert* sich der Psalm in *drei Teile.* Der *erste Teil (V. 1–2)* ist eine Art „Lehrsatz" über den Schutz, den erfährt, wer sich ausdrücklich und entschieden zu JHWH (allein) bekennt. Davon setzt sich der *zweite Teil (V. 3–13)* deutlich ab. In sprachlicher Hinsicht verändert sich die Sprechrichtung. Der Teil spricht nun ein Du an. Während der kurze erste Teil *über* den sprach, der sich zu JHWH flüchtet, wird dieser Zufluchtsuchende nun direkt als Du angesprochen. Die Veränderung der Perspektive und der inhaltliche Zusammenhang zugleich lassen sich gut am Vergleich von V. 2a und V. 9a erkennen: *„wer* zu JHWH *sagt*: ‚Meine Zuflucht ...'" (V. 2a) bzw. *„Du* hast gesagt: ‚JHWH ist meine Zuflucht'" (V. 9a). Der zweite Teil des Psalms ist also eine adressatenbezogene Applikation und Illustration des im ersten Teil formulierten Grundsatzes. Dieser Teil, dessen Neueinsatz in V. 3a durch das betonte „Ja!" markiert ist, entwirft in einer Vielfalt von Bildern die Gefahren und Bedrohungen, denen der einzelne hilf- und hoffnungslos ausgeliefert wäre – gäbe es nicht den bergenden und rettenden Schutz JHWHs. Der *dritte Teil (V. 14–16)* ist als direkte Gottesrede im Ich-Stil gestaltet. Diese Rede wechselt von der Du-Anrede des vorangehenden Teils in die Sprechrichtung Ich-Er. Es ist eine Heilszusage, die dem JHWH-Frommen nicht nur Rettung und Schutz zuspricht, sondern die Fülle und die Erfüllung des Lebens.

Die *Abfolge der drei Teile* bildet einen thematisch sich steigernden Zusammenhang. Der im ersten Teil formulierte allgemeine Lehrsatz über die Kraft des Gottesglaubens wird im zweiten Teil auf seine vielschichtigen Konkretionen hin „durchgespielt" – und zwar als ermutigende, hoffnungstiftende Belehrung. Der dritte Teil gibt dann den Grund dieser Hoffnungsperspektive an. Es ist JHWHs Zusage selbst, auf die der Zufluchtsuchende sich verlassen kann.

Die Bibelwissenschaft diskutiert darüber, ob sich hinter dem Dreischritt „allgemeiner Lehrsatz" (V. 1–2) – „Belehrung im Du-Stil" (V. 3–13) – „Gotteswort im Ich-Stil" (V. 14–16) ein liturgischer Vorgang erkennen läßt. Manche Exegeten denken an ein Ritual am Eingang zum Tempelbereich (die gleichen Exegeten sehen ein solches auch bei Ps 15 und 24, aber auch bei Ps 84 im Hintergrund): V. 1–2 wäre dann ein Spruch, mit dem die Pilger die im Tempel „wohnenden" Priester begrüßt hätten. V. 3–13 wäre die Heilszusage an die Pilger, mit der einer der Priester den Heiligtumsbesuch als rettende Gottesbegegnung deutet. Und V. 14–16 wäre die eigentliche „Gottesbotschaft", die dann ein weiterer Priester anschließen würde. Andere Exegeten vermuten als „Vorlage" für unseren Psalm eine Art Segenszeremonie oder eine kultische Belehrung für den einzelnen; beides wäre mit Segensgesten verbunden gewesen. Wieder andere Exegeten gehen davon aus, daß der Psalm ein weisheitliches Lehrgedicht sei, das in der Weisheits- bzw. Tempelschule entstanden und verwendet worden sei.

Entscheidender für das Gebetsverständnis dieses Psalms als diese historischen Diskussionen ist die Einsicht, daß unser Psalm dazu einlädt, sich in das in ihm entfaltete

Gottvertrauen „hineinzumeditieren" und dabei vital zu erleben, was der Psalmtext selbst darstellt: Zwiesprache mit dem lebendigen Gott selbst.

Auslegung

Psalm 91 ist durch und durch von einer Lebenserfahrung der Angst vor unheimlichen, weil urplötzlich hereinbrechenden Gefährdungen bestimmt. Von allen Seiten und zu allen Zeiten sind diese Ängste da und versetzen in lähmenden Schrecken. Dieser Lebensangst setzt unser Psalm seine Überzeugung entgegen: Es gibt einen Ort, der rettende Zuflucht inmitten des Gefahrenstrudels bietet – und dieser Ort ist JHWH: *Er* ist ein Haus, in dem man sich zu Hause und geborgen erfahren kann. Das ist der „Grund-Satz", den der *erste Teil des Psalms (V. 1–2)* feststellt. Die Bilder von V. 1–2 stammen aus zwei Erfahrungsbereichen der altisraelitischen Lebenswelt, die hier so verschmolzen sind, daß sie eine plastische Einheit bilden. Die Bilder „Schutz/Versteck" und „Schatten" kommen aus der altorientalischen Heiligtumstheologie. Insofern das Heiligtum ein von der profanen Welt ausgegrenzter sakraler Raum (Temenos) mit ureigenen Rechten (u.a. Tempel-Asylie und Friedenspflicht) ist, aber auch insofern das Heiligtum der Ort der gemeinsamen Feste ist, verbinden sich mit ihm Vorstellungen von unbedrohter Lebensintensität und beglückender Ruhe (V. 1: „Schutz" und „Versteck"). Die in V. 2 eingespielten Bildwelten „Zuflucht" und „Burg" rufen die Erfahrungen ins Bewußtsein, daß in Zeiten kriegerischer Invasionen oder räuberischer Bandenüberfälle die ummauerten Städte und Festungen auf den Berghöhen für die in ungeschützten Dörfern und Gehöften lebenden Menschen eine „sichere" Zuflucht waren. Die besondere Pointe des Psalms ist nun die Übertragung dieser Bildwelt auf JHWH. Der in V. 1–2 formulierte Grund-Satz bedeutet: Wo immer sich ein Mensch auch befindet, sofern er sich dem Schutz JHWHs als seines Gottes anheimstellt, kann er gewiß sein, daß sich JHWH ihm als schützendes und rettendes Haus erweist. Wer sich an *diesen* Gott hält, der wird von ihm gehalten. *Was* ein Mensch, der sich so zu JHWH bekennt, für sich erhoffen darf, entfaltet der zweite Teil des Psalms (V. 3–13), *warum* man solches erhoffen darf, sagt dann der dritte Teil des Psalms (V. 14–16).

Mit *fünf sich steigernden Bildwelten* konkretisiert der *zweite Teil (V. 3–13)* die Zusage, daß und wie JHWH sich als rettende Zuflucht erweist. Es sind allesamt Bilder, die die Angst vor heimtückischen, unheimlichen und unaufhaltsamen Unglücksfällen ins Bewußtsein rufen. Und zugleich werden diesen Bildern der Angst, die wir auch aus unseren Träumen kennen, Gottes-Bilder des Vertrauens und der Hoffnung entgegengestellt.

Das *erste Bild (V. 3a-4b)* stammt aus der Vogelwelt und spielt auf die für die Vögel, insbesondere für die jungen Vögel lauernden Gefahren durch Vogeljäger und Raubvögel an. Die Vogeljäger legen Fallen und Klappnetze aus oder schießen nach den Vögeln mit Pfeilen, an deren Ende tödliche Stacheln sitzen; vor beiden Gefahren können die Vögel sich selbst nicht schützen – außer jemand macht die Fallen und die Pfeile der Jäger und Räuber unschädlich oder befreit die gefangenen Vögel. Und der wirksamste Schutz für die jungen Vögel sind die mächtigen Schwingen und die bergenden Flügel der Vogelmutter. *So* wirkt JHWH für die, die sich zu ihm bekennen: Er bewahrt sie davor, Opfer von Jägern und Räubern zu werden!

Das *zweite Bild (V. 4c-6)* ruft Gefahren in Erinnerung, vor denen sich die Menschen der alten Welt besonders fürchteten und die auch uns Menschen der Moderne noch immer in Schrecken versetzen, auch wenn unsere medizinischen Kenntnisse und Möglichkeiten viel größer geworden sind. Es geht um die Angst vor urplötzlich und rätselhaft auftretenden Epidemien, die die Antike mit bösartigen Krankheitsdämonen oder mit dem Zorn der Götter in Verbindung brachte. Auch unser Psalm denkt sie als personifizierte Unheilsmächte, die überfallartig in der Nacht und am Tage, im Dunkel (als der Zeit des Unheils) und in der Mittagshitze (als Zeit besonderer Lebensgefährdung) auftreten können. Dieser dämonischen Welt stellt der Psalm JHWH als Schutzgott entgegen, der dem, der sich zu ihm bekennt, treu ist und diese seine Treue gerade dadurch erweist, daß er als „Setzschild", das von vorne und von beiden Seiten beschützt, und als „Rundschild", mit dem man sich im Nahkampf schützt, alle feindlichen Angriffe abwehrt.

Das *dritte Bild (V. 7–8)* stammt aus der Welt des Krieges. Es zeigt, wie ein von einer Unzahl von Feinden Gehetzter und Verfolgter wider alle „normalen" Erwartungen gerettet wird, weil alle seine Verfolger wie mit einem Schlag fallen (wie Israel dies bei seiner wunderbaren Errettung vor den Truppen des Pharao am Schilfmeer erlebt hat: vgl. Ex 14–15). Auch hier ist wichtig: Zugrunde liegt ein Bild der Angst, dem ein Bild des Vertrauens entgegengesetzt wird. Allerdings: Uns ist ein solches Bild eher fremd (außer in unseren Träumen) und zu gewalttätig.

Im *vierten Bild (V. 9–10)* sehen wir den JHWH-Frommen zu Hause, in seinem „Zelt". Auch hier ist eine Unglücksserie vorausgesetzt, die durch das Land fegt, aber das Haus des JHWH-Frommen „überspringt" (vgl. Ex 12), weil er JHWH selbst zu seiner Wohnung gemacht hat. Das Bekenntnis zu JHWH ist wie ein Schutzwall, an dem alles Böse abprallt.

Das *fünfte Bild (V. 11–13)* weitet die Schutzzusage vom Wohnort auf „alle Wege" aus, die der JHWH-Fromme in seinem Leben gehen muß. Diese „Lebenswege" sind einerseits voller Gefahr. Man kann stürzen, auf todbringende Giftschlangen (im vertrockneten Gras) treten oder von wilden Tieren angefallen werden. Auch hier sind es wieder (extrem gesteigerte) Metaphern des Unheils, dem ein Menschenleben ausgesetzt sein kann. Und wieder wird dem entgegengestellt: JHWH schickt seine Boten mit auf den Weg – wie Ex 23,20 dem Volk Israel für den Weg ins „Gelobte Land" verheißt oder wie das Buch Tobit beispielhaft erzählt – als schützendes, rettendes Weggeleit. Das hier verwendete (altorientalisch breit belegte) Bild vom „Herrn der Tiere" schließt mit der geradezu paradox klingenden Zusage: Wer „mit JHWH" geht, dem können selbst todbringende Chaosdrachen nichts anhaben (V. 13 b).

Daß diese extrem gesteigerten Heilsbilder keine Trugbilder sind, begründet der *dritte Teil des Psalms (V. 14–16)* mit einer direkten Gottesrede, die man als Zusammenfassung der biblischen Gottesbotschaft lesen muß. Hier wird das Gottgeheimnis entfaltet, das im Gottesnamen JHWH (vgl. V. 14 b) gegeben ist: Der biblische Gott ist ein „mit-seiender" und „mit-lebender" Gott, der dieses Mit-Sein gerade in Not und Gefahr erweist – als Schützer und Retter.

So ist der Psalm eine Einladung Gottes selbst, sich *von ihm* führen und halten zu lassen – „auf allen Wegen" (V. 11 b) und zu allen Zeiten (vgl. 5–6). Mit gutem Grund wird unser Psalm deshalb im kirchlichen Nachtgebet (Komplet) rezitiert.

Kontext

Die Psalmenbuchredaktion hat unseren Psalm 91 mit Absicht *hinter Psalm 90* gestellt und beide Psalmen sogar durch eine Bearbeitung des ihr vorgegebenen Psalms 90 eng miteinander verbunden. Der ursprüngliche Psalm 90 war eine Klage über die Vergänglichkeit und die Last menschlichen Lebens – und beklagte dies als Widerspruch in Gott selbst, der einerseits das Leben mit dem darin eingestifteten Lebenshunger gibt und der dieser Lebenssehnsucht andererseits ihre Erfüllung verweigert, weil menschliches Leben von Anfang an ein durch den Tod begrenztes, bedrohtes und zerstörtes Leben ist. Der Psalm nimmt sogar die auch in Gen 2–3 entfaltete theologische These auf, daß der Tod eine Folge der Sünde und damit eine Äußerung des (berechtigten) Gotteszorns sei, aber gleichwohl kämpft der Psalm gegen diesen Zornesgott. Zumindest bittet er um die Kraft, aus der Einsicht in die unveränderbare Begrenztheit des Lebens zu lernen, wie kostbar jeder einzelne dem Menschen neu geschenkte Tag ist.

Die Redaktion hat hinter diese Klage von Ps 90 über die Unbegreiflichkeit solchen Gotteszorns und über das so vielfältig belastete Menschenleben gezielt unseren Psalm 91 gestellt. Auch dieser Psalm weiß um die den Menschen ängstigenden, plagenden und verwundenden Gefahren und Leiden, aber er deutet sie nicht als Auswirkungen des Gotteszorns, sondern als Situationen, in denen die rettende Nähe und der bergende Schutz JHWHs erfahren werden können – so man denn seine Nähe sucht. Psalm 91 ist in dieser Hinsicht geradezu ein Gegenentwurf zum ursprünglichen Psalm 90,2–12. Daß hier zwei unterschiedliche Gottesbilder neben- und gegeneinander stehen, wird auch daran sichtbar, daß Ps 90,2–12 nicht den Gottesnamen JHWH verwendet (der Psalm begann mit der Anrede „Allherrscher") und keine Anspielungen an die heilsgeschichtlichen Erfahrungen Israels hat. Umgekehrt betont Ps 91,14b in direkter Gottesrede: „Ich schütze ihn, weil er *meinen Namen* kennt."

Um die kompositionelle Zusammenbindung von Ps 90 und Ps 91 deutlich zu machen, hat die zusammenordnende Redaktion den 90. Psalm erweitert und sich bei ihrer Erweiterung an Ps 91 (und Ps 92: vgl. dazu unsere anschließende Auslegung) inspiriert. Die Erweiterung, die in Ps 90,13–17 vorliegt, verschärft die Klage des Grundpsalms Ps 90,2–12. Angesichts der besonderen Zuwendung JHWHs zu seinem Volk (der Psalm nennt sie JHWHs „Knechte") scheint ja die Widersprüchlichkeit des Lebens dieser „Knechte JHWHs" noch eklatanter und ärgerlicher zu sein: JHWH erwählt sich sein Volk, um sich an ihm als Gott des Lebens zu offenbaren, aber Israel erfährt diese Zuwendung seines Gottes keineswegs als Mehrung, eher als Begrenzung seiner Lebensmöglichkeiten. Zugleich aber klingt in dieser Erweiterung die Möglichkeit an, daß die Botschaft vom Gott des Lebens sich trotz allem bewahrheiten kann -im Leben Israels, das sich von dieser Botschaft tragen und führen läßt. Um diesen Spannungsbogen von Klage und Antwort, Bitte und Erhörung zu verstärken, hat die Redaktion den ursprünglichen Psalm 90,2–12 durch den neu gestalteten Bitt-Abschnitt 90,13–17 so erweitert, daß Ps 91 nun als Antwort auf die in Ps 90,13–17 formulierten Bitten gelesen werden muß. Die in Ps 91,16a von JHWH selbst gegebene Heilszusage „Mit der Länge *von Tagen sättige ich ihn"* ist nun eine Reaktion Gottes auf die ihm in Ps 90,14 vorgelegte Bitte: *„Sättige uns* am Morgen mit deiner Güte, daß wir jubeln und uns freuen an allen *unseren Tagen."* Und der Bitte von Ps 90,15 „Erfreue uns … gemäß der Jahre, die wir *Böses*/Unglück *gesehen haben"* entsprechen die Verheißungen Ps 91,10a „Nicht widerfährt dir *Böses"* und Ps 91,16b „Ich lasse ihn *sehen* meine Rettung." Darüber hinaus sind die beiden Psalmen nun durch das Motiv von JHWH als der schützenden Wohnung (vgl. Ps 90,1; 91,1a.9b) aufeinander bezogen.

Vor allem bildet die Abfolge von Ps 90 und Ps 91 den formgeschichtlich und theologisch bedeutsamen Spannungsbogen Klage des Menschen – Heilszusage Gottes. Dieser Bogen ist in Ps 91,15 ausdrücklich formuliert: „Er ruft mich und ich antworte ihm." Das also ist die Botschaft von Ps 91 im Horizont von Ps 90: Man darf JHWH *alles* sagen, auch daß man ihn selbst als widersprüchlich empfindet, wenn man es eben ihm selbst sagt: als Klage, Anklage und Hilfeschrei. Und *diesem* Schrei gilt die Zusage Gottes: „Ich gebe Antwort: Ich bin mit ihm in der Bedrängnis – gemäß meinem Namen JHWH!"

Psalm 92

1 *Ein Psalm. Ein Lied. Für den Sabbattag.*

2a *Gut ist es, JHWH zu loben/danken,*
2b *aufzuspielen deinem Namen, Höchster (Eljon),*
3a *zu verkünden am Morgen deine Güte*
3b *und deine Treue in den Nächten*
4a *zur zehnsaitigen Leier und zur Standleier,*
4b *zum Klang der Tragleier.*

5a *Denn du hast mich erfreut, JHWH, durch dein Wirken,*
5b *über die Werke deiner Hände juble ich.*
6a *Wie groß sind deine Werke, JHWH,*
6b *sehr tief sind deine Gedanken.*
7a *Ein unvernünftiger Mensch erkennt es nicht,*
7b *und ein Tor sieht dies nicht ein.*
8a *Wenn auch die Frevler emporsprießen wie Kraut*
8b *und aufblühn alle Unheiltäter,*
8c *(dann nur,) damit sie ausgetilgt werden für immer,*
9 *doch du in der Höhe bist auf ewig, JHWH.*

10a *Denn siehe, deine Feinde, JHWH,*
10b *denn siehe, deine Feinde werden untergehen,*
10c *es werden zerstreut werden alle Unheiltäter.*
11a *Doch du hast mein Horn erhöht wie das des Wildstiers,*
11b *du hast mich überschüttet mit grünem Öl.*
12a *Mein Auge blickt nieder auf meine Feinde,*
12b *auf meine Widersacher, die Böses tun, hören hinunter meine Ohren!*
13a *Der Gerechte sprießt empor wie die Palme,*
13b *wie eine Zeder auf dem Libanon wächst er empor.*
14a *Die gepflanzt sind im Haus JHWHs,*
14b *in den Höfen unseres Gottes sprießen sie empor.*

15a *Noch im Alter tragen sie Frucht,*
15b *sind sie markig und grün,*
16a *um zu verkünden: „Gerecht ist JHWH,*
16b *mein Fels ist er, und kein Unrecht ist an ihm."*

Einführung

In diesem Psalm überlagern sich zwei Aussageebenen, die sich gegenseitig auslegen. Da ist zum einen der im Ich-Du-Stil entfaltete Dank eines einzelnen für seine Rettung aus der Macht seiner Feinde. Und da ist zum anderen eine im Stil weisheitlicher Reflexion und Lehre gestaltete Aussagelinie über das unterschiedliche Geschick der Frevler und der Gerechten. An der Erzählung über die Rettung des einzelnen wird gewissermaßen die Wahrheit der universal gemeinten Weisheit konkretisiert und aufgewiesen. Und umgekehrt erläutert die allgemein formulierte „Lehre", warum und unter welchen Bedingungen JHWH sich als Retter aus feindlicher Bedrohung erweist. Die beiden Ebenen sind in unserem Psalm zugleich mit hymnischen Stilmitteln verknüpft, so daß er gattungsmäßig oft als „Dankhymnus" bestimmt wird.

Orientiert man sich an der hymnischen Gesamttendenz des Psalms, läßt sich *V. 2–4 als einleitender „Aufgesang"* bestimmen, auf den *V. 5–16 als hymnischer Hauptteil* folgt. Dieser wird durch das in V. 5a und in V. 10a in Anfangsstellung gesetzte „ja/denn" (hebräisch: *k_*) in die *zwei Abschnitte V. 5–9 und V. 10–16* gegliedert. Diese beiden Abschnitte beschreiben zum einen das Schicksal der Frevler (V. 5–9) und zum anderen das Schicksal des Gerechten (V. 10–16). Die zwei Abschnitte sind durch kontrastive Bilder aus der Natur aufeinander hingeordnet (vgl. ähnlich Psalm 1). Während die Frevler mit dem nach dem Regen schnell aufsprossenden und blühenden, aber ebenso schnell wieder vertrocknenden Gras verglichen werden (V. 8), werden die Gerechten mit den zwar langsam, aber hoch aufwachsenden, immergrünen und alt werdenden Palmen und Zedern (V. 13–15) verglichen. Beide Abschnitte sind nicht nur durch Stichwörter miteinander verbunden („emporsprießen": V. 8a. 13a. 14b; „alle Unheiltäter": V. 8b. 10), sondern sie kulminieren jeweils in einer hymnischen Aussage über JHWH (V. 9. 16b).

Daß der Psalm im übrigen kein Lobpreis JHWHs als des Vernichters der Frevler sein will, macht schon die hymnische Einführung (V. 2–4) deutlich. Als Anlaß und Inhalt des JHWH-Lobpreises werden hier JHWHs „Güte und Treue" genannt, also Wirkweisen JHWHs, in denen er gemäß seiner innigen Beziehung zu denen handelt, die sich an ihn halten – als ihr belebender, stärkender und rettender Gott. Diese Aussagelinie wird durch eine den Psalmanfang mit dem Psalmschluß verbindende Stichwortaufnahme unterstrichen. Was V. 3a als Absicht des Psalms angibt („*zu verkünden* ... deine Güte und deine Treue"), wird in V. 16 als Sinn und Aufgabe der Existenz der Gerechten festgehalten: „*zu verkünden*: ‚JHWH ist gerecht, mein Fels ist er, und kein Unrecht ist an ihm.'" Dieses als direkte Rede wiedergegebene Zeugnis der Gerechten hat für Menschen der biblischen Tradition dadurch ein besonderes Gewicht, daß es ein Zitat aus dem in Dtn 32 überlieferten Lied des Mose ist (vgl. Dtn 32,4) – das dieser vor seinem Tod, also im Alter von 120 Jahren, für und vor Israel sang.

Die Überschrift weist den Psalm als „Sabbatlied" aus, als Lied für den siebten Tag der Woche. Die jüdische Tradition sieht im siebenmaligen Vorkommen des Gottesnamens JHWH einen Hinweis auf den Sabbat.

Auslegung

Während die *hymnische Eröffnung* in der Regel als Selbstaufforderung zum Lobpreis („Ich will dich rühmen/preisen": Ps 145,1; „Laßt uns jubeln": Ps 95,1) oder als imperativische Aufforderung („Lobet/preiset JHWH": Ps 117,1; 118,1) gestaltet ist, hat sie hier in *V. 2–4* die Form einer Wertung dieses Lobpreises selbst: „Gut ist es, schön ist es ...", d.h. *solche* Lieder wecken und machen Freude, bei denen, die sie singen, und bei denen, die sie hören, – sogar bei JHWH, dem dieser Dankhymnus gilt. Der Hymnus ist ausdrücklich der im Namen JHWH zusammengefaßten Gotteserfahrung gewidmet, also seinem Nahe- und Mit-Sein (vgl. Ex 3,13–15), als dessen besondere Offenbarungsweise V. 3 die Erfahrung seiner Güte und Treue benennt. In der Tat entfaltet der Hauptteil des Psalms dann genau den Aspekt der Zuverlässigkeit und Dauerhaftigkeit der Güte JHWHs. Es mag Augenblicke geben, in denen diese Güte nicht wahrgenommen wird, aber der Psalm hält fest: Ein Mensch, der sein Leben als „Gerechter" in Gemeinschaft mit seinem Gott gelebt hat, wird dann, wenn er im Alter seine Lebenssumme zieht, feststellen und bezeugen können, daß auf die Güte Gottes Verlaß ist, weil der biblische Gott gerade als der Gütige treu ist. Der Psalm lädt dazu ein, dies „am Morgen" und „in den Nächten" zu verkünden. Diese doppelte Zeitangabe kann man entweder im Sinne von „Tag und Nacht" (also: immerfort) oder (mir wahrscheinlicher) metaphorisch verstehen: „am Morgen", bei der Erfahrung von Rettung, und „in den Nächten", in der Zeit der Bedrängnis und des drohenden Unheils. Ob die Aufforderung von V. 4, den zu singenden/rezitierenden Psalm mit Instrumenten zu begleiten bzw. begleiten zu lassen, „real" oder poetisch gemeint ist, hängt davon ab, ob man den Psalm ursprünglich im Kult beheimatet sein läßt oder nicht (mehr).

Der *erste Abschnitt des hymnischen Hauptteils (V. 5–9)* baut einen weiten Horizont auf. Die Rahmenverse dieses Abschnitts (V. 5–6 und V. 9) feiern JHWHs machtvolles und weise planendes Handeln in seinen Schöpfungs- und Geschichtstaten (vgl. Ps 8,7; 103,22; 104,24.31). Als der „in der Höhe" thronende Gott ist er Weltenkönig und Weltenrichter, der das Böse und die Bösen bekämpft und so die Gerechtigkeit als Weltordnung durchsetzt. Mit diesem Grundaxiom wirbt der Psalm für ein Leben in Gerechtigkeit, weil die Gerechten die vom Weltenkönig Beschützten und Geretteten sind. Dagegen, so erläutert V. 7–8, spricht auch nicht die Beobachtung, daß die Frevler und die Übeltäter so oft oder gar (fast) immer in der Realität die Erfolgreichen, die Glücklichen und die Mächtigen sind. Der Psalm leugnet dies nicht. Aber er stellt dem die Behauptung entgegen: Aufs Ganze gesehen und im Hinblick auf ihre Lebenssumme rechnet sich das Unrecht doch nicht. Die Bösen sind wie das Grün, das in der Steppe nach dem Spätregen im Frühjahr aufschießt und dann unter heißem Wüstenwind oder der Sonne umknickt und verdorrt, weil es keine tiefen Wurzeln hat (vgl. Ps 37,2; 90,5–6; 103,15–16). Nur wer oberflächlich oder überhaupt nicht denkt (V. 7), läßt sich von dem schnellen Erfolg der Bösen blenden. Wer tiefer blickt und wer weise ist, der weiß um die gerechte Welt- und Lebensordnung des Weltenkönigs JHWH, der die Bösen und das Böse scheitern läßt. Ja, unser Psalm steigert noch: Die Bösen steigen so hoch hinauf, damit ihr steiler Fall gesehen wird – als Erweis der Gerechtigkeit.

Der *zweite Abschnitt des hymnischen Hauptteils (V. 10–16)* setzt mit einer Anspielung auf den Schluß des sogenannten Debora-Lieds Ri 5,2–31 ein, das die Rettung der noch jungen Stämmegemeinschaft Israels aus kanaanäischer Bedrohung feiert (vgl. Ps 92,10 mit Ri 5,31). Unser Psalm erklärt alle Unheiltäter ausdrücklich zu Feinden JHWHs. Wo immer die Menschenrechte und die Menschenwürde bedroht und verletzt werden, ist dies nach biblischer Überzeugung ein Angriff auf JHWH selbst. Wo Menschen niedergetreten werden, richtet er sie auf, gibt ihnen die Kraft zum „aufrechten Gang" und das Bewußtsein ihrer Würde – allen Verletzungen zum Trotz. Das jedenfalls ist die Erfahrung, die der Beter unseres Psalm mit den Metaphern von V. 11–12 bezeugt. Es sind Metaphern, die die von JHWH herbeigeführte Umkehrung bzw. Umwälzung der Situation einfangen. Der vormals zu Boden Getretene und vom Leid Gezeichnete steht nun voller Kraft und Freude da: JHWH hat sein Horn, d. h. seine Kraft und seine Würde, erhöht, so daß er nun wie ein kraftvoller Wildstier einherschreitet (die Hörnerkrone ist in der altorientalischen Kultur sogar Würdezeichen der Götter; zur biblischen Verwendung der Metapher vgl. 1 Sam 2,1; Ps 75,5f; 89,18; 148,14; Lk 1,69), und JHWH hat ihn mit frisch gepreßtem („grünem") Öl gesalbt, wie man die Ehrengäste bei großen Festen salbt. Mehr noch: Die ihn vormals niedergetreten haben, liegen nun selbst entmachtet am Boden (V. 12). Entscheidend ist freilich, daß der Psalm aus diesem „Sieg" des Verfolgten und Unterdrückten eine weisheitliche „Lehre" folgert, der alle Überheblichkeit und Aggressivität, die man *auch* folgern könnte, fehlt. Mit der Metapher von den hoch aufwachsenden, sehr alt werdenden und immer grün bleibenden Dattelpalmen und Libanonzedern (die Palme wird bis zu 20 Meter hoch und bis zu 200 Jahre alt; die Zeder bis zu 40 Meter hoch und bis zu 1000 Jahre alt) wird die erstaunliche Vitalität der Gerechten gekennzeichnet, also jener Menschen, die von der Gerechtigkeit Gottes als der eigentlichen Lebensmacht der Schöpfung und der Geschichte (vgl. Ps 92,5–9) so sehr überzeugt sind, daß sie selbst *als Gerechte* leben – und ihr Leben *so* als ein Zeugnis der Gerechtigkeit und der Güte Gottes begreifen (V. 14–16). In der Sicht unseres Psalms ist das Rezitieren eines Gebetes, wie es unser

Psalm ist, ein solches Gerechtigkeitszeugnis par excellence: Wer mitten im Erleiden von Unrecht *so* betet und alles auf Gott setzt, wird erfahren, daß ihm der biblische Gott im Beten des Psalms buchstäblich Kraft, Würde und Rettung gibt.

Kontext

Die drei aufeinanderfolgenden Psalmen 90 91 92, die das vierte Psalmenbuch (Ps 90–106) eröffnen, wollen im Sinne der Psalterredaktion als fortschreitender Geschehensbogen gelesen und meditiert werden. Ps 90 beginnt als Klage über die menschliche Todesverfallenheit sowie als Ausdruck der Angst vor einem unberechenbaren Gotteszorn und gipfelt in der Bitte, JHWH möge durch seine gnädige Zuwendung gewissermaßen selbst die Angst vor seinem Zorn widerlegen und überwinden. Auf diese Bitte antwortet Ps 91 mit einer doppelten Zusage bzw. Verheißung. Im Stil weisheitlicher Belehrung spricht der Psalm dem betenden Du die Gewißheit zu, daß JHWH den, der sich zu ihm flüchtet, vor lebenszerstörerischen Mächten bewahrt. Vor allem aber erklingt in direkter Gottesrede die Verheißung, daß JHWH sich als rettender Gott erweist und daß er so Anteil gibt an der Fülle seines Lebens. Daß diese Zusage kein leeres Wort ist, sondern sich an dem erfüllt, der ihr vertraut, bezeugt dann der Dankhymnus Ps 92, der im Zusammenhang mit Ps 90 und Ps 91 zusätzliche Bedeutungsdimensionen erhält, aber auch seinerseits neues Licht auf die beiden ihm vorausgehenden Psalmen wirft.

Die hymnische Einführung von Ps 92 „Gut ist es, JHWH zu danken und aufzuspielen *deinem Namen* …" kann von Ps 91,14b („Ich schütze ihn, weil er *meinen Namen* kennt") her als Erläuterung dessen gelesen werden, was „den Namen JHWHs *kennen*" heißt. Es meint nicht nur ein Wissen, sondern ein lobendes Verkündigen und Bezeugen, daß jeder Tag des Lebens zu einer Begegnung mit der Güte JHWHs werden kann. Um diese Erfahrung bittet Ps 90,14: „Sättige uns *am Morgen mit deiner Güte*", daß wir *jubeln* und uns *freuen* ..." Und genau dafür dankt Ps 92,3–5: „zu verkünden *am Morgen deine Güte*, denn du hast mich *erfreut*, JHWH, *durch dein Wirken*, über die Werke deiner Hände *juble* ich." Angesichts der Gefährdungen und Störungen des menschlichen Lebens, die Ps 90,2–12 beklagt, führt diese Klage in Ps 90,16a zu der Bitte: „Es soll gesehen werden an deinen Knechten *dein Wirken*". Und der Beter von Psalm 92 bezeugt dann voll Freude: Ich habe *dieses Wirken* JHWHs erfahren.

Ps 92 präzisiert und korrigiert in gewisser Weise die Vergänglichkeitsklage von Ps 90. Dem Protest gegen den allgegenwärtigen Gotteszorn, den Ps 90 in immer neuen Anläufen entfaltet, stellt Ps 92 seine differenzierende Beobachtung entgegen: Es gibt Menschen, die wie das Gras schnell emporsprießen und ebenso schnell verdorren; aber es gibt ebenso Menschen, die bis ins hohe Alter Frucht tragen. Gewiß: Dies ist aus unserer Sicht eine typisch weisheitliche Schwarz-Weiß-Malerei, deren motivierende und paränetische Absicht man nicht vergessen darf. Das ist kein Kriterium, mit dem man Kranke und Notleidende zu „Frevlern" machen darf. Aber es ist ein Einspruch gegen die Versuchung, im Leben *nur* das Negative zu sehen, und vor allem gegen die Versuchung, die Güte und Treue Gottes zu vergessen.

Ps 92,14–16 sieht die Erfüllung eines langen Menschenlebens im Lobpreis der Gerechtigkeit und der Treue JHWHs. Unser Psalm 92 *ist* ein solcher Lobpreis. Menschen, die solche Psalmen beten, beten sich hinein in das Geheimnis, das die drei Psalmen 90–92 zusammenbindet und das in Ps 90,1b als Motto über diese Teilkomposition gesetzt ist: „Allherrscher, *Wohnung bist du uns* von Geschlecht zu Geschlecht." Dieses Bekenntnis wiederholt sich gleich zweimal in Ps 91: „Es *wohnt* im Schutz des Höchsten ... wer zu JHWH sagt: ‚Meine Zuflucht und meine Burg bist du'" (91,1–2) und „Den Höchsten hast du gemacht zu *deiner Wohnung* (91,9). Und Ps 92,12–13 zeigt, wie das geht, daß man JHWH zu seiner Wohnung macht. Indem man *gerecht* zu leben versucht, weil und wie ER gerecht ist, und indem man die Psalmen zum Lobpreis seines Namens rezitiert. Denn wo zu ihm Psalmen gebetet werden, wird er gegenwärtig, wie Ps 22,4 sagt: „Du, JHWH, thronst auf den Psalmen Israels!"

VII. Gottesherrschaft

Johannes hörte im Gefängnis von den Taten Christi. Da schickte er seine Jünger zu ihm und ließ ihn fragen: Bist du der, der kommen soll, oder müssen wir auf einen andern warten? Jesus antwortete ihnen: Geht und berichtet Johannes, was ihr hört und seht: Blinde sehen wieder, und Lahme gehen; Aussätzige werden rein, und Taube hören; Tote stehen auf, und den Armen wird das Evangelium verkündet. Selig ist, wer an mir keinen Anstoß nimmt (Mt 11,2–6).

Psalm 72

1a *Für Salomo.*

1b *Gott, gib deine Rechtsvorschriften dem König*
1c *und deine Gerechtigkeit dem Königssohn.*

2a *Er richte dein Volk in Gerechtigkeit*
2b *und deine Armen mit Recht.*
3a *Es sollen die Berge Frieden/Heil tragen dem Volk*
3b *und die Hügel Gerechtigkeit.*
4a *Er schaffe Recht den Armen des Volkes,*
4b *er bringe Rettung den Kindern der Besitzlosen,*
4c *und er möge zermalmen den Gewalttätigen.*
5a *Er lebe lang (? sie sollen dich fürchten) vor der Sonne*
5b *und vor dem Mond, von Geschlecht zu Geschlecht.*
6a *Er komme herab wie Regen auf die Mahd,*
6b *wie Tropfen, die befeuchten die Erde.*
7a *Es sprosse in seinen Tagen der Gerechte/die Gerechtigkeit*
7b *und Fülle des Friedens/Heils, bis kein Mond mehr scheint.*

8a *Und er regiere von Meer zu Meer*
8b *und vom Strom (Euphrat) bis an die Ränder der Erde.*
9a *Vor ihm sollen sich beugen die Wüstenbewohner,*
9b *und seine Feinde sollen den Staub lecken.*
10a *Die Könige von Tarschisch und von den Inseln sollen Geschenke bringen,*
10b *die Könige von Saba und Seba sollen Tribut entrichten.*
11a *Und es sollen sich niederwerfen vor ihm alle Könige,*
11b *alle Völker sollen ihm dienen.*

12a *Denn er errettet den Besitzlosen, der aufstöhnt,*
12b *und den Armen und den, der keinen Helfer hat.*
13a *Er erbarmt sich des Geringen und des Besitzlosen,*
13b *und dem Leben der Besitzlosen bringt er Rettung.*
14a *Aus Bedrückung und Gewalt erlöst er ihr Leben,*
14b *und kostbar ist ihr Blut in seinen Augen.*
15a *Er lebe und man gebe ihm Gold aus Saba,*
15b *und man bete für ihn immerdar,*
15c *jeden Tag segne man ihn.*
16a *Es sei Fülle an Korn im Lande,*
16b *und auf dem Gipfel der Berge rausche es.*
16c *Wie der Libanon sprosse seine Frucht,*
16d *seine Blume sei wie das Gras der Erde!*
17a *Es sei sein Name auf ewig,*
17b *vor der Sonne sprosse sein Name.*
17c *Und es sollen sich in ihm segnen,*
17d *alle Völker sollen ihn glücklich/selig preisen.*

18a *Gesegnet/gepriesen ist/sei JHWH Gott, der Gott Israels,*
18b *der Wunder tut allein.*
19a *Und gesegnet/gepriesen ist/sei der Name seiner Herrlichkeit auf ewig,*
19b *und seine Herrlichkeit erfülle die ganze Erde.*
19c *Amen und Amen.*
20 *Zu Ende sind die Gebete Davids, des Sohnes Isais.*

Einführung

Ps 72 gehört zur *Gruppe der „Königspsalmen"* (vgl. u.a. Ps 2; 20; 21; 89; 101; 110). In ihnen kommt einerseits der Auftrag bzw. das „Amt" des Jerusalemer Königs aus theologischer Sicht zur Sprache. Und andererseits nimmt die Bibelwissenschaft mit guten Gründen an, daß diese

Psalmen (oder zumindest ihre „Vorlagen") ihren „Sitz im Leben" bei der Amtsausübung der Könige (z.B. Inthronisation bzw. Amtseinführung, d.h. Königssalbung und Thronbesteigung; Feierlichkeiten beim „Königsjubiläum"; Geburtstag oder Hochzeit des Königs u.ä.) hatten. Dieser „Sitz im Leben" prägt die Sprach- und Bildwelt dieser Psalmen. Sie sind von der „Königsideologie" bestimmt, die die Jerusalemer „Hoftheologen" und „Hofpoeten" aus der gemeinaltorientalischen Kultur schöpften; doch zugleich haben die meisten dieser Psalmen ein spezifisch israelitisches Gepräge, was mit dem besonderen Auftrag des Jerusalemer Königs als „Knecht JHWHs", d.h als Mittler JHWHs, zusammenhängt.

Auch Ps 72 ist stark von der altorientalischen und altägyptischen Königsauffassung imprägniert, insbesondere mit seiner Vorstellung, daß der König Mittler der göttlichen Gerechtigkeit ist bzw. sein soll. „Wie im Alten Orient ist auch in der judäischen Königsideologie der König Mittler par excellence, der die Bereiche Götterwelt und Menschenwelt durch sein politisches und soziales Handeln zusammenhält" (B. Janowski). Die Königsherrschaft wird in Ps 72 in *drei Dimensionen* entfaltet: Als politisch-soziale Instanz ist der König Retter der Armen und ihr Befreier aus Gewalt und tödlicher Bedrohung (V. 2–4.12–14). Er ist Mittler des göttlichen Segens für das Land und dessen Fruchtbarkeit (V. 5–7.15–17). Sein Herrschaftsbereich ist universal, und so führt dieser König Israel und die Völker friedlich zusammen (V. 8–11).

Der Psalm ist *kunstvoll aufgebaut*. Er beginnt (nach der Überschrift „Für Salomo") mit einer *Bitte an Gott (V. 1b–c)*, er möge dem König die Gabe (das Charisma) der Gerechtigkeit geben, damit dieser das Volk Gottes in Gerechtigkeit „richten", d.h. „retten" und mit Heil regieren könne. Dementsprechend sind die Wünsche für den König, die dann folgen, auch an JHWH gerichtet: Was dieser König ist und wirkt, hat er nicht aus sich selbst. Er ist letztlich „nur" ein Instrument des eigentlichen Königs JHWH, der durch ihn regiert. Worin dieses richtend-rettende Königswirken, das seine Kraftquelle in JHWHs Gerechtigkeit hat, besteht, entfalten dann die *fünf Abschnitte V. 2–4. 5–7. 8–11. 12–14. 15–17.* Die Abschnitte V. 2–4 und V. 5–7 sowie V. 12–14 und V. 12–14 bilden jeweils einen aussagewichtigen Zusammenhang: Die Fruchtbarkeit der Natur (V. 5–7 bzw. V. 15–17) ist jeweils eine Folgewirkung des königlichen Rechtshandelns im sozialen Bereich (V. 2–4 bzw. V. 15–17). Die soziale Dimension (das königliche „Richten" der Armen) und die kosmische Dimension (Segenswirkungen in der Natur) sind von dieser Anlage des Psalms her komplementäre Aspekte des von JHWH selbst „begabten" Königtums. Wenn sich die Wünsche und Verheißungen erfüllen, werden, so bittet und verheißt der zentrale Abschnitt V. 8–11, alle Könige und Völker der Erde kommen, um sich diesem segensreichen König zu unterwerfen und an seinem Segenswirken teilzuhaben.

Der in *V. 18–19* formulierte *Segens- und Lobspruch* (Benediktion, Doxologie) gehört nicht zum Psalm selbst, sondern ist eine Schlußformel, die das Ende des zweiten „Psalmenbuchs" (Ps 42–72) markiert; ähnliche Segenssprüche stehen auch am Ende der anderen „Psalmenbücher" (3–41; 73–89; 90–106). Die *„Unterschrift"* (Kolophon) in *V. 20* stammt wahrscheinlich aus jener Phase der Entstehungsgeschichte des Psalters, als die Davidpsalmen Ps 3–41 und Ps 51–72 zu einem umfangreicheren „David-Psalter" zusammengestellt wurden; ob diese „Unterschrift" die „Davidpsalmen" auch von den nachfolgenden „Asafpsalmen" abgenzen sollte, ist schwer zu entscheiden.

Es gibt gewichtige Gründe für die Annahme, daß die Verse 8–11. 15. 17 cd erst auf eine nachexilische Bearbeitung zurückgehen, die in den vorexilischen Grundpsalm V. 2–7. 12–14. 16–17 b die universale Dimension des

Königtums eingetragen hat. Im „Grundpsalm" regiert der König „nur" über *das Volk* Gottes (vgl. V. 2–4), während V. 11.17 dieses Königtum mit „allen Völkern" in Beziehung bringt. Auch die Perspektive ändert sich: Im Grundpsalm ist der König der Segensmittler, der Gerechtigkeit und Fruchtbarkeit *gibt*, in V. 8–11.15 ist er der *Empfangende*. Schließlich fällt auf, daß diese „Erweiterung" stark auf andere biblische Texte anspielt (vgl. die Auslegung). Der vorexilische „Grundpsalm" könnte seinen ursprünglichen „Sitz im Leben" bei den Feierlichkeiten der Thronbesteigung des Jerusalemer Königs gehabt haben.

Auslegung

In der *eröffnenden Fürbitte für den König (V. 1)* kommt sogleich der besondere Aspekt zur Sprache, durch den sich das israelitische vom altorientalischen Königsverständnis, mit dem es vieles gemeinsam hat, unterscheidet. Nach altorientalischer und altägyptischer Auffassung sind die Könige vom Schöpfer- und Sonnengott (in Ägypten: Re; in Mesopotamien: Schamasch) als ihre Stellvertreter auf Erden eingesetzt, damit sie die der Welt von den Göttern eingestiftete „Gerechtigkeit" bzw. „Weltordnung" sicherstellen. So heißt es in einem ägyptischen Traktat über das Königtum: „Re (der Schöpfer- und Sonnengott) hat den König eingesetzt auf der Erde der Lebenden für immer und ewig, um den Menschen Recht zu sprechen und die Götter zufrieden zu stellen, um die Maat (Gerechtigkeit, Weltordnung) zu verwirklichen und das Chaos zu vertreiben." Hier ist die Notwendigkeit des Königtums bzw. des Staates auf den Punkt gebracht: Ohne organisierte und mit Macht ausgestattete Herrschaft sind Gerechtigkeit und Frieden unter den Menschen nicht zu erreichen.

Ein wesentliches Instrument dieser für *alle*, besonders für die Schwachen, Gerechtigkeit sichernden Herrschaft ist das Recht, das die Könige in Form von Gesetzen schaffen und durchsetzen. Das ist klassisch im Prolog des Kodex Hammurapi formuliert: „... damals haben (die Götter) Anu und Enlil mich Hammurapi mit meinem Namen genannt (= beauftragt), um Gerechtigkeit im Lande sichtbar werden zu lassen, um den Übeltäter und den Haßerfüllten zu vernichten, damit nicht der Starke den Schwachen bedrückt, um für die Menschen wie der Sonnengott aufzugehen, um das Land zu erleuchten, um für das Wohlergehen der Menschen Sorge zu tragen." Das ist in der Tat die Vorstellungswelt, aus der Israels Königstheologie gespeist wird. Aber in Israel hat sich eine wichtige Transformation vollzogen, die auch in Ps 72 sichtbar wird. Man kann mit dem Ägyptologen J. Assmann diese Transformation als „Verschiebung der sozio-politischen Handlungssphäre Recht und Gerechtigkeit in die theo-politische Sphäre" begreifen. „Dabei entsteht der radikal neue Gedanke, Gott selbst zum Gesetzgeber zu machen. Gott tritt in dieser Funktion an die Stelle der altorientalischen Könige ... Der alles entscheidende Schritt Israels bestand darin, die Gerechtigkeit aus der sozialen und politischen in die theologische Sphäre zu transponieren und dem unmittelbaren Willen Gottes zu unterstellen." Genau *diese* Eigenheit Israels spiegelt sich in der Bitte V. 1 wider, wonach JHWH dem Jerusalemer König sowohl „*seine* (d. h. Gottes) Rechtsvorschriften" als auch „*seine* (d. h. Gottes) Gerechtigkeit" geben soll, damit er „sein (d. h. Gottes) Volk in Gerechtigkeit und *seine* (d. h. Gottes) Armen in Recht richten (= retten) kann" (V. 2). Das in V. 1 gebrauchte hebräische Wort für „Rechtsvorschriften" hat vor allem die Sozialgesetzgebung im Blick, die im „Bundesbuch" (vgl. Ex 21–23), aber auch im deuteronomischen Gesetz (vgl. besonders Dtn 15; 23–24) auf die Rettung der Armen, Schwachen und Fremden zielt. Daß JHWH selbst dem König diese und solche Gesetze sowie die göttliche Gerechtigkeit offenbare, damit er die das *ganze* Gottesvolk und in Sonderheit die Armen rettende Weltordnung durchsetzt, ist die Basisbitte, an deren Erfüllung das von unserem Psalm in den fünf Abschnitten von V. 2–17 entworfene ideale Königswirken abhängt.

Der *erste Abschnitt V. 2–4*, der die soziale Dimension der Königsherrschaft in die Gestalt von Wünschen bzw. von (an JHWH gerichtete) Bitten kleidet, arbeitet mit der grundlegenden Unterscheidung von „Recht" und „Gerechtigkeit". Dies sind in der Tat zwei verschiedene Dinge. Das „Recht" ist ein fester, allgemein gültiger Rahmen des gesellschaftlichen Zusammenlebens und wirkt als eine Norm, an der sich das Handeln orientieren muß und nach der es als legal bzw. als illegal beurteilt und gegebenenfalls bestraft wird. „Gerechtigkeit" ist demgegenüber eine viel umfassendere Größe. Sie ist das Ideal eines Zusammenlebens, das dem einzelnen das Optimum seiner Lebenserfüllung schenkt. Sie ist eine Leitvorstellung, die zugleich das Wohlergehen des Ganzen im Blick hat. Man könnte auch sagen: Gerechtigkeit gehört in den Bereich des Ethos und ist als gelebte Gerechtigkeit eine Tugend bzw. ein Charisma. Die Aufgabe der „Gerechtigkeit" gegenüber dem „Recht" besteht darin, darüber zu wachen, ob geltendes Recht gerecht, d. h. lebensförderlich ist, und ob das geltende Recht „gerecht" angewandt wird. Die „rettende" Gerechtigkeit des Königs muß so nicht nur dafür Sorge tragen, daß Menschen vor Unrecht, sondern gegebenenfalls sogar vor Recht gerettet werden. Dies ist dann der Fall, wenn eine Handlung zwar dem Recht entspricht, also legal ist, aber dabei zugleich einen Menschen physisch, psychisch und sozial ruiniert – und deshalb illegitim ist. Um genau *diese* Dimension des Zusammenlebens geht es in V. 2–4. Als Instrument der göttlichen Gerechtigkeit soll der ideale König dafür Sorge tragen, daß die Armen und Besitzlosen als Mitglieder des Gottesvolks nicht nur nicht Opfer des Unrechts, sondern ebenso nicht Opfer des Rechts werden. Im Hintergrund stehen hier offensichtlich soziale und wirtschaftliche Verhältnisse, wie sie von Amos und Micha bekämpft wurden, wo z.B. verarmte Bauern legal, aber illegitim enteignet oder gar auf die internationalen Sklavenmärkte verkauft wurden. Das „Richteramt" des Königs, der im Auftrag JHWHs regiert, besteht nach V. 2–4 gerade darin, „in der Gerechtigkeit JHWHs" die vom gesellschaftlichen Tod Bedrohten zu retten – ja *so* die Größe „Volk JHWHs" = „Familie JHWHs" zu retten. Die Armen, um die es hier geht, sind ja „deine (d.h. JHWHs) Armen".

Der *zweite Abschnitt V. 5–7* zieht die Bitten in die kosmische Dimension aus: Ein König, der sich so sehr für *das konkrete Leben* der von ihm Regierten einsetzt, wird zum umfassenden Lebensprinzip seines Landes. Der Abschnitt entwirft das plastische Bild einer fruchtbaren Landschaft: Wir sehen die Sonne und den Mond, den zart und kontinuierlich herabfallenden Regen, der die Felder zur Reife bringt. Dies sind nicht nur Realsymbole der „Gerechtigkeit" und des „Heils", sondern dies ist die Schöpfungswirklichkeit, wonach die Erde ein Lebenshaus für alle ist und wo *die Fülle* des Heils so groß ist, daß wirklich *alle* davon leben können. Hier verschmelzen Gesellschaft und Natur: Der ideale König vermittelt den Einklang beider Ebenen – zum Wohl *aller*. *Dieser* König *ist* der Regen (V. 6), und er hat Anteil an der Lebensmächtigkeit von Sonne und Mond (V. 5). Er ist die personifizierte Gerechtigkeit.

Der (auf eine nachexilische Bearbeitung zurückgehende) *Abschnitt V. 8–11* stellt das Wirken des Königs in einen weltweiten Zusammenhang. Dieser ideale König soll – auch V. 8–11 sind Bitten bzw. Wünsche an JHWH – sogar das Zusammenleben Israels mit den Völkern und der Völker untereinander in der Kraft der durch ihn wirkenden „Gerechtigkeit" JHWHs heilen und befrieden (V. 9b redet von „Feinden"). Der Abschnitt gestaltet diese Vision der universalen Königsherrschaft, indem er *Verheißungen* anderer biblischer Texte aufgreift und deren Erfüllung durch das Wirken dieses „Königs" herbeisehnt.

Die Formulierungen in V. 8, mit denen die universale Ausdehnung des Herrschaftsbereichs angesprochen wird, nimmt zunächst einmal die dem Abraham in *Gen 15,18* gegebene Verheißung auf: „Deinen Nachkommen gebe ich dieses Land vom Grenzbach Ägyptens bis zum großen Strom, dem Eufrat" (vgl. auch 1 Kön 5,1). Daß hier die Abrahamverheißungen im Blick sind, bestätigt auch V. 17cd, wo auf die dem Abraham in Gen 12,1–3 gegebene Segensverheißung angespielt ist. Damit steht der grundlegende Horizont dieser Königsherrschaft fest: Durch das Wirken dieses Königs soll die in und mit Abraham begonnene Geschichte Israels *und* der Völker als *gottgewirkte* Segens- und Heilsgeschichte Realität werden.

V. 8 spielt zugleich auf die Verheißung des „messianischen" Friedenskönigs *Sach 9,9f* an. Diese Verheißung zeichnet das Bild eines Königs, der „den Völkern den Frieden bringt und dessen Herrschaft von Meer zu Meer reicht und vom Eufrat bis an die Ränder der Erde." Entscheidend ist, daß dieser Friedenskönig von Sach 9,9f einerseits genau dem Amtsprofil von Ps 72,2–4 entspricht und daß andererseits in Sach 9,9f deutlich wird, warum er seinen Auftrag erfüllen kann: Er kann zum Richter = Retter der Armen JHWHs werden, weil er selbst ein Armer ist, und er kann retten, weil er selbst Rettung erfahren hat. Er ist ein Friedenskönig, weil er alle Kriegswerkzeuge vernichtet – und weil er auf das Kriegspferd als Machtsymbol verzichtet und stattdessen auf dem „davidischen" Königstier, dem Esel, in seine Residenzstadt einzieht.

Der JHWH-König von Ps 72 setzt seine Weltherrschaft also weder mit der eisernen Keule (vgl. Ps 2,9) noch im Kampf (vgl. Ps 110,5–7) durch. Der Psalm denkt sich die universale Anerkennung dieser Königsherrschaft offensichtlich nach dem Modell der Völkerwallfahrt und der Völkerhuldigung (vgl. Jes 2,1–4): Die Welt ist fasziniert von diesem „König der Gerechtigkeit", und so kommen sie *alle*, die „Wüstenbewohner" und die „Meerbewohner", d.h. die Könige und Völker aller Regionen bis an die Ränder der bewohnbaren Erde, um diesem König zu huldigen und sich von seiner Friedensherrschaft in Dienst nehmen zu lassen – damit auch ihnen die „Gerechtigkeit" JHWHs zuteil werde. Daß es hier letztlich und eigentlich um die Eingliederung der Völker und ihrer Könige in die Königsherrschaft *JHWHs* geht, deutet unser Psalm subtil durch die Anspielungen in V.9 an *Mi 7,14–17* und in V.10 an *Jes 60,10f* an.

Den eben beschriebenen Begründungszusammenhang für die Völkerhuldigung formuliert der *Abschnitt V.12–14* ausdrücklich, wenn er mit dem begründenden *„denn"* abermals diesen König als Retter der Armen verheißt. Der Abschnitt entspricht mit seiner Schilderung des gesellschaftlichen Wirkens einerseits dem Abschnitt V.2–4, reflektiert dieses Wirken aber andererseits noch tiefer. Er deckt die Voraussetzungen für die „rettende" Gerechtigkeit des Königs auf. Dieser König läßt sich im Innersten anrühren von der Situation der Armen und Besitzlosen: Er hört ihren lauten oder leisen Hilfeschrei (V.12a), er sieht ihre Ausweglosigkeit und Ohnmacht (V.12b), ihr Leiden schmerzt ihn selbst (V.13a) und ihr „Blut", d.h. *ihr* Leben, ist ihm nicht eine Nebensache, sondern so kostbar, daß sein Denken, Wollen und Handeln darum kreist – und daß er sie „rettet" und „erlöst" (V.12a.14a). Der Psalm verwendet hier Zeitwörter, mit denen die Bibel sonst das *göttliche* Rettungs- und Erlösungshandeln beschreibt. Hier wird noch einmal die in

V. 1 grundlegend festgeschriebene Tatsache sichtbar: Die „rettende" Gerechtigkeit des Königs ist Teilhabe an und Weitergabe der rettenden Gerechtigkeit JHWHs selbst.

Der *Abschnitt V. 15–17* zeichnet abermals die durch das soziale Rettungshandeln des Königs bewirkten Segnungen in der Natur. Die soziale Gerechtigkeit verwandelt das Land in eine Region üppigster Fruchtbarkeit (sogar die Berghänge sind von hoch stehenden Getreidefeldern bedeckt, durch die der Wind streift und sie so zum Rauschen bringt – wie sonst die Wälder rauschen) und paradiesischer Schönheit (V. 16). Daß so auch „der Name" dieses heilschaffenden Königs wundervoll „sprießt" und wächst (V. 17 ab), spielt wahrscheinlich auf den ägyptischen Brauch an, daß man den Thronnamen des neu inthronisierten Königs rituell auf die Blätter eines heiligen Baumes schrieb, um ihn so auf magische Weise an der Vitalität dieses Baumes teilhaben zu lassen. Vielleicht angeregt durch die „Namenstheologie" von V. 17 ab (vgl. dazu auch Gen 12, 2), aber inhaltlich voll auf der Linie von V. 8–11, gibt die nachexilische Beabeitung in V. 17 cd mit einer Anspielung auf Gen 12, 3 dem ganzen Psalm eine eschatologische Perspektive. Da *Gen 12, 1–3* das *erste* Gotteswort der Tora/des Pentateuch ist, hat der Psalmschluß nun eine besondere Dignität: Der König steht in der Tat im Dienst der mit Abraham begonnenen Geschichte Gottes und Israels, die Israel und alle Völker *so* zusammenführen soll, daß die Welt zum Königreich Gottes wird. Von dieser Perspektive her wird unser Psalm in messianisches Licht getaucht – und so wurde er schon von der Septuaginta und dann auch im nachbiblischen Judentum, aber auch in der christlichen Tradition gelesen – und *gebetet*.

Kontext

Die biblische Überlieferung gibt selbst einen zweifachen Kontext an, der in Ps 72 mitgehört werden soll.

Den *ersten Kontext* gibt die *„Unterschrift" (Kolophon) V. 20* „Zu Ende sind die Gebete Davids, des Sohnes Isais" an. Sie macht Ps 72 zum Schlußpsalm der „Davidpsalmen" Ps 51–72 (sie tragen die Überschrift „Von/für David"). Es gibt gute Gründe für die Auffassung, daß die Notiz V. 20 sogar einen „Davidpsalter" abschloß, der auch die „Davidpsalmen" Ps 3–41 miteinschloß (allerdings werden in diesem „Davidpsalter" 3–41. 51–72 noch nicht *alle* nun dazu gehörenden Einzelpsalmen gestanden haben; z. B. sind die Psalmen 9/10 und 33 erst später eingefügt worden). Daß Ps 72 der letzte Davidpsalm in dieser Sammlung war bzw. ist, wird bedeutsam, wenn wir auf die Überschrift V. 1a achten: *„Für* Salomo" (nicht *„von* Salomo", wie oft übersetzt wird). Die Redaktion deutet also Ps 72 als Gebet Davids für seinen Sohn Salomo. Die Bitte von V. 1c erhält dann eine geradezu „wörtliche" Bedeutung: „Gott, gib ... deine Gerechtigkeit dem *Königssohn."* So wird Ps 72 zum Gebet des alten David für seinen Nachfolger. Es ist eine Art „Königstestament für seinen Sohn" (F.-L. Hossfeld), also der Entwurf eines „Regierungsprogramms", das David, der erste König, seinem Sohn (und allen künftigen „Davididen") als theologisches (Form des Gebets) Vermächtnis hinterläßt. Daß der vorangehende Psalm 71 das Gebet eines alten Menschen ist (vgl. besonders Ps 71, 17f), bestätigt unsere Deutung. Die beiden Psalmen 71 und 72 sind gezielt hintereinander gestellt worden – als Gebete des alten David. Die beiden Psalmen sind durch wichtige Stichwortbezüge miteinander verbunden. Aussagekräftig ist vor allem, daß der „alte" Beter von Ps 71 seine Lebensaufgabe und seine Lebenssumme darin sieht: „den kommenden Generationen *deine Gerechtigkeit* zu verkünden" (vgl. auch noch Ps 71,16.24 sowie Ps 72,1c.2a). Diese „Salomo-Perspektive" ließe sich nun innerbiblisch weiter ausfalten, wenn wir Ps 72 im Licht der Salomo-Erzählungen 1 Kön 3–10 lesen würden (es gibt zahlreiche Querverbindungen: vgl. z.B. Ps 72 mit 1 Kön 3), was hier leider nicht möglich ist.

Den *zweiten Kontext*, der in Ps 72 mitklingen soll, gibt der *Segensspruch (Doxologie) V. 18–19* an. Die beiden hier zusammengestellten Lobpreisungen JHWHs und seines herrlichen Namens geben unserem Psalm zunächst einmal ausdrücklich die theozentrische Perspektive, die ihm von V. 1 an zugrundeliegt. Die Herrschaft „des Königs", deren Wirken und Folgen im Psalm entfaltet werden, steht im Dienst der Durchsetzung der universalen Weltordnung JHWHs und des Offenbarwerdens *seiner* alles belebenden Herrlichkeit. Daß *alles* daraufhin zielen muß und wird, bekräftigt V. 19c mit dem aus der Liturgie stammenden doppelten „Amen-Ruf": „So ist es *und* so wird/muß es sein!" Wie wir bereits bei der „Einführung" angedeutet haben, markiert die Doxologie Ps 72,18–19 den Abschluß des zweiten Psalmenbuchs Ps 42–72, analog den Schlußformeln Ps 41,14 und Ps 89,53, die ihrerseits das erste Psalmenbuch (Ps 3–41) und das dritte Psalmenbuch (Ps 73–89) abschließen. Beachtet man, daß die Psalmen 41; 72; 89 „Königspsalmen" sind, werden also die ersten drei Psalmenbücher jeweils mit einem „Königspsalm" abgeschlossen. Da darüber hinaus zwischen dem „Königspsalm" 89 und dem „Königspsalm" 2 mehrere ausdrückliche Verbindungen vorliegen, legt sich die Schlußfolgerung nahe: Ps 2–89 sind in nachexilischer Zeit (um 300 v.Chr.?) als königstheologisch zu lesender „Teilpsalter" zusammengestellt worden. Da Israel damals kein Königtum (mehr) hatte, liegt eine Königstheologie in Verheißungsperspektive vor. Ich bezeichne deshalb diesen Teilpsalter als „messianischen Psalter".

Im Horizont dieses messianischen Psalters erhält unser Psalm 72 nochmals eine neue Bedeutungsebene, die auch christologische Relevanz hat. Im messianischen Psalter Ps 2–89 werden einerseits meditativ die ambivalenten Erfahrungen Israels mit seinen historischen Königen abgeschritten: Von David (Psalmen 3ff) über Salomo (Psalm 72) bis hin zum Ende des Königtums im Jahr 586 (Psalm 89). In Auseinandersetzung mit diesem Weg des Königtums hält der „messianische" Psalter die im Davidbund gegebene Verheißung fest: Der eröffnende Programmtext Psalm 2 rekapituliert die Natanverheißung 2 Sam 7,14 (vgl. Ps 2,7) im Kontext der bedrohlichen Völkerwelt. Und der abschließende Psalm 89 spielt 2 Sam 7,14–16, dem „geschichtlichen" Standort entsprechend, sowohl als Deutung der Situation wie auch als die Zukunft eröffnende Bitte ein (vgl. Ps 89,27.30.33). Psalm 89 weitet in seinem Schlußabschnitt dann „demokratisierend" die messianische Perspektive auf Israel als „messianisches Volk" aus. Die dem „David" für seinen „Sohn" in 2 Sam 7 zugesprochene Treue Gottes gilt auch dem „messianischen" Israel – gerade mit Blick auf die Völkerwelt, wie dies Ps 72,17 festhält. Als „messianisches" Volk sollen Israel und die Kirche auf je spezifische Weise die „rettende Gerechtigkeit" Gottes in dieser Welt leben und weitergeben. Wo dies geschieht, ist „messianische" Zeit.

Psalm 145

1a *Eine Preisung von/für David.*

1b *Ich will dich erheben, mein Gott, o König,*
1c *und ich will segnen deinen Namen auf ewig und immer.*
2a *An jedem Tag will ich dich segnen,*
2b *und ich will preisen deinen Namen auf ewig und immer.*

3a *Groß ist JHWH und gepriesen gar sehr,*
3b *und seine Größe ist unerforschlich.*
4a *Geschlecht zu Geschlecht rühme deine Werke,*
4b *und deine Machttaten sollen sie verkünden.*
5a *Den Glanz der Herrlichkeit deiner Hoheit*
5b *und die Geschehnisse deiner Wundertaten will ich besingen.*
6a *Von der Macht deiner furchterregenden Taten sollen sie sprechen,*
6b *und deine Großtaten will ich erzählen.*
7a *Das Gedächtnis deiner großen Güte sollen sie kundtun,*
7b *und über deine Gerechtigkeit sollen sie jubeln:*
8a *Gnädig und barmherzig ist JHWH,*
8b *langmütig und groß an Güte/Huld.*
9a *Gut ist JHWH zu allen,*
9b *und sein Erbarmen (waltet) über allen seinen Werken.*
10a *Loben sollen dich, JHWH, alle deine Werke,*
10b *und deine Getreuen sollen dich segnen.*

11a *Von der Herrlichkeit deines Königtums sollen sie sprechen,*
11b *und über deine Machttaten sollen sie reden,*

12a *um bekannt zu machen allen Menschenkindern seine [deine] Großtaten*
12b *und die Herrlichkeit des Glanzes seines [deines] Königtums.*
13a *Dein Königtum ist ein Königtum auf ewige Zeiten,*
13b *und dein Königreich ist über/durch alles Geschlecht und Geschlecht.*

13c *[Verläßlich ist JHWH in allen seinen Worten,*
13d *und getreu ist er in allen seinen Werken.]*
14a *Ein Stützender ist JHWH allen Fallenden*
14b *und ein Aufrichtender allen Gebeugten.*
15a *Die Augen aller warten auf dich,*
15b *und du bist ein ihnen Nahrung Gebender zur rechten Zeit,*
16a *ein Öffnender deine Hand bist du,*
16b *und ein alles Lebendige Sättigender mit Wohltat.*
17a *Gerecht ist JHWH in allen seinen Wegen,*
17b *und getreu ist er in allen seinen Werken.*
18a *Nahe ist JHWH allen, die ihn rufen,*
18b *allen, die ihn rufen in Geradheit.*
19a *Das Gefallen derer, die ihn fürchten, wirkt er,*
19b *und ihr Schreien hört er und rettet sie.*
20a *Ein Hüter ist JHWH für alle, die ihn lieben,*
20b *und alle Frevler läßt er verschwinden.*

21a *Die Preisung JHWHs soll reden mein Mund,*
21b *und segnen soll alles Fleisch seinen heiligen Namen auf ewig und immer.*

Einführung

Psalm 145 gehört zu jenen Psalmen, die in Judentum und Christentum eine außergewöhnlich reiche Rezeption erfahren haben. Er ist einer der Lieblingspsalmen der synagogalen Liturgie. Er ist im *Te Deum* aufgenommen und lebt im kirchlichen Tischgebet weiter (Verse 10.15–16). Nach Ausweis des Vaterunsers, das sich an diesem Psalm inspiriert hat, war er auch einer der Lieblingspsalmen Jesu. Er gehört auch zu jenen Psalmen, die sich von anderen biblischen Texten, *besonders* von anderen Psalmen (vgl. Ps 103 und Ps 104), anregen ließen.

Der Psalm, der stark von hymnischen Elementen (hymnische Aufforderungen, Partizipien) bestimmt ist, fordert zum Lobpreis des *Weltkönigs* JHWH auf, dessen Güte *und* Macht daran offenbar werden, daß er als der barmherzige, gnädige *Sinaigott* vergebungswillig ist und als *Schöpfergott* die Gebeugten und Fallenden wieder aufrichtet und belebt. Er ist einer der jüngsten Psalmen des Psalters. Er wird gleich dreimal in dem gegen Ende des 3. Jh. entstandenen aramäischen Danielbuch Dan 2–7 wörtlich zitiert (Ps 145,13a: vgl. Dan 3,33; 4,31; 6,27) und mehrfach motivlich aufgenommen. Ps 145 weist selber Einflüsse des Aramäischen auf, so daß der Psalm durchaus der Zeit und dem Milieu des aramäischen Danielbuchs entstammen könnte. Gemeinsam ist beiden das große Thema vom Weltkönigtum JHWHs. Allerdings fehlt unserem Psalm im Vergleich zu Dan 2–7 die eschatologische Perspektive; diese erhält unser Psalm freilich, wenn er als programmatische Überleitung zum Finale des Psalters Ps 146–150 verstanden wird (siehe dazu unten „Kontext").

Der Psalm ist besonders *kunstvoll gestaltet*, was sich an folgenden Kompositionstechniken erkennen läßt:

Der Psalm besteht aus 22 Parallelismen (im überlieferten masoretischen Text fehlt der Parallelismus V. 13cd;

er steht aber in den alten Übersetzungen und ist in Qumran belegt), die so angelegt und angeordnet sind, daß die Anfangsbuchstaben der Parallelismen von oben nach unten gelesen die Abfolge des aus 22 Buchstaben (Konsonanten) bestehenden hebräischen Alphabets darstellen (Fachbegriff: alphabetisches Akrostichon). Diese dichterische Technik erleichtert nicht nur das Auswendiglernen des Psalms, sondern drückt ein theologisches Programm aus: Hier soll das Königtum Gottes „von A bis Z", also in seiner Fülle und Weite in Raum und Zeit, besungen werden. Daß es dem Psalm um die Totalität der göttlichen Königsherrschaft geht, ist in dem 16fachen (!) Gebrauch der Vokabel „all, ganz" abzulesen.

Der Psalm ist durch Stichwortbezüge an seinem Anfang und an seinem Ende *gerahmt* (vgl. V. 2 und V. 21). Davon abgehoben ist der Vers 1, den man als ausdrückliche *Thema-Angabe* oder Zusammenfassung des Psalms verstehen muß. V. 1 nennt das theologische Stichwort „König", um das dann der konzentrisch gestaltete *Mittelabschnitt V. 11–13b* kreist. Dieser Abschnitt bietet eine Bündelung des Begriffsfelds „König" („Königtum": V. 11a. 12b. 13a [zweimal]; „Königreich": V. 13b). Diese Komposition Thema-Rahmen-Mitte macht in ihrer inhaltlichen Gestaltung deutlich: Der Psalm will eine hymnische „Segnung", d. h. Lobpreisung der Königsherrschaft JHWHs sein – mit dem Ziel, diese „den Menschenkindern" nahezubringen, wie V. 12 als Mitte des Abschnitts V. 11–13b und als kompositionelle Mitte des gesamten Psalms sagt.

Die jeweils zwischen diese strukturtragenden Abschnitte V. 1–2. 11–13b. 21 gesetzten Abschnitte V. 3–10 und V. 13c-20 sind thematisch und formal jeweils zweigeteilt (V. 3–6 und V. 7–9 bzw. V. 14–16 und V. 17–20) und legen sich spiegelbildlich um den mittleren Abschnitt V. 11–13b. Dadurch ist angezeigt, daß sie diese Mitte deuten wollen, d. h. sie sind als thematische Auslegung der Königsherrschaft JHWHs zu lesen. Diese Abschnitte sind kunstvolle Variationen theologisch bedeutsamer Stichworte. V. 3–6 und V. 17–20 sind eine Theologie der Größe und Mächtigkeit JHWHs, V. 7–10 und V. 13 c-16 sind eine Theologie der Güte und Barmherzigkeit JHWHs.

Auslegung

Die *hymnische Einleitung (V. 1–2)* und die *hymnische Ausleitung (V. 21)* geben das Thema und das Ziel des Psalms an. Der Psalm will eine Theologie des Gottesreichs entfalten – und dies in der diesem Thema einzig angemessenen Form des hymnischen Lobpreises „auf ewig und immer". Mit diesem Psalm will der Beter (im Sinne der Psalterredaktion ist es „David": vgl. V. 1 a) sich einerseits einfügen in den Lobpreis des Weltkönigtums JHWHs, der (wie der Psalm dann erläutert) immer schon durch die Werke des Schöpfer- und Geschichtsgottes erklingt – allein dadurch *daß* und *wie* sie sind (Perspektive: „das Werk lobt seinen Meister"). Andererseits will sich der Psalmensänger zum Stimmführer der Lobgesänge machen, in die er „alles Fleisch" (vgl. V. 21) mitreißen will und die nie verstummen sollen, weil auch das zu feiernde Königswirken JHWHs nie zu Ende geht. Die Besonderheit des Königtums liegt, wie schon V. 1 zusammenfaßt, darin, daß der Weltkönig nicht weltenthoben über der Welt thront, sondern in dieser „seiner" Welt als seinem Königreich (vgl. V. 13) gegenwärtig und Tag für Tag in seinem Wirken erfahrbar ist. Der Psalm bringt dies zunächst bündig so auf die Formel: „Ich will segnen deinen Namen ... und alles Fleisch soll segnen seinen heiligen Namen" (V. 1. 21). Nach biblischem Sprachgebrauch meint „Name" die erfahrbare, wahrnehmbare Seite eines Lebewesens, das, was dieses jeweils zutiefst bestimmt und ausmacht. Fachtheologisch gesprochen: Der Name Gottes faßt das *offenbar* gewordene Gottgeheimnis zusammen. Er bezeichnet einerseits die Eigenheit des Gottes Israels im Horizont der altorientalischen Götterwelt; andererseits eröffnet dieser Name die Möglichkeit, diesen Gott und sein Wirken „anzurufen" (vgl. V. 18–19). Um genau *diese* Spannung geht es in unserem Psalm: Den Titel „König" teilt JHWH mit anderen Göttern der Umwelt Israels, aber *seine* Königsherrschaft ist unverwechselbar, wie der Psalm dann darstellt. Und diese Unverwechselbarkeit seines Königtums hat einen Namen, den er selbst geoffenbart hat. Nicht von ungefähr spielt deshalb unser Psalm auf die eindrucksvollen (und „kanonischen") Überlieferungen von der Offenbarung des Gottesnamens JHWH im Buch Exodus an, was hier nicht im Detail dargestellt werden kann (vgl. immerhin V. 5 b mit Ex 34, 10, V. 7 a mit Ex 3, 15; 33, 19; V. 8 mit Ex 34, 6).

Die *vier* thematisch bestimmten *Abschnitte V. 3–6. 7–10. 13c–16. 17–20* entfalten die Dimensionen der Offenbarung und der Erfahrbarkeit des König-Seins JHWHs unter den Aspekten der Größe und der Güte. Dabei haben die Verse V. 3–10 das Offenbarwerden JHWHs in der Schöpfung und in der Geschichte Israels im Blick, während die Verse 13 c-20 JHWHs Handeln an den einzelnen feiern: Dieser König sorgt sich nicht nur um das Ganze, sondern kümmert sich um jeden einzelnen – und gibt ihm das, was er nötig hat.

Der *Abschnitt V. 3–6* feiert die unvergleichbare Größe und Mächtigkeit JHWHs, die einerseits alle menschliche Vorstellbarkeit übersteigt (V. 3), aber andererseits in seiner Schöpfung („Werke": V. 4 a) und in den Machttaten der Geschichte, die Bewunderung und Erschrecken zugleich hervorrufen (V. 4 b-6), immer neu erfahren wird. Das Proprium dieses unvergleichbar großen Königs liegt aber in seiner rettenden „Gerechtigkeit" (vgl. dazu oben unsere Ausführungen zu Ps 72), die sich in Gestalt von Güte und Barmherzigkeit erweist, wie der *Abschnitt V. 7–10* mit Anspielung an Ex 33,19; 34,6 und den Gesamtzusammenhang Ex 32–34 herausstellt. In Ex 32–34 wird das Geheimnis des Gottesbundes erzählt, das darin besteht, daß der biblische Bundesgott auf die Sünde des Bundesbruchs (Ex 32: Anbetung des Goldenen Kalbs) mit der Gnade der Sündenvergebung und der Bundeserneuerung antwortet. Diese barmherzige Großzügigkeit JHWHs ist seine *königliche Größe* – und sie gilt, wie V. 9 betont, *allen* Lebewesen. Das ist eine schier unglaubliche Ausweitung der biblischen Gottesbotschaft!

Daß und *wie* diese universale Zuwendung des biblischen Gottes konkret erfahrbar wird, beschreiben dann die Abschnitte V. 13c–16 und V. 17–20. Der *Abschnitt V. 13c-16* beschreibt Gottes Güte in seiner helfenden, stärkenden und nährenden Zuwendung zu jedem einzelnen: Er richtet auf, er teilt seine Gaben in reicher Fülle aus und macht glücklich. Mit dem täglichen Brot, das er gibt, gibt er *sich selbst*. Der *Abschnitt V. 17–20*, der analog dem Abschnitt V. 13c–16 gestaltet ist (vgl. nur die Entsprechung V. 13cd = V. 17), steigert noch: Dieser König ist buchstäblich immer in „Rufbereitschaft": Er hört jeden Schrei, er kommt, er kann retten und er rettet. Er ist der große und starke „Hüter", der vor dem Bösen bewahrt und der die Bösen entmachtet (V. 20).

Die theologische *und* politische Brisanz der Gottesbotschaft unseres Psalms kommt in seinem *zentralen Abschnitt V. 11–13* zur Sprache. Drei Aspekte sind wichtig: Diese Königsherschaft JHWHs wird hier räumlich und zeitlich entschränkt. Insofern stellt sie *alle* anderen Herrschaftsansprüche in Frage. Und dieses Königreich steht „allen Menschenkindern" (V. 12) offen.

Was unser Psalm verkündet und worum es ihm letztlich geht, hat Jesus im „Vaterunser" zusammengefaßt, vor allem in den beiden Anfangsbitten: „Geheiligt werde dein Name" (vgl. Ps 145,1–2 *und* 145,21) und „Es komme deine Königsherrschaft/dein Reich" (vgl. Ps 145,11–13).

Kontext

Im Aufbau des Psalters hat Ps 145 eine *doppelte Funktion*: Der Psalm ist zum einen der *Schlußpsalm* des fünften Psalmenbuchs Ps 107–145, und er ist zum anderen die Überleitung zum programmatischen Finale des Psalters Ps 146–150, dem sogenannten Schluß-Hallel.

Psalm 107 gibt mit seinem ersten Satz das Thema des *fünften Psalmenbuchs* an: „Lobpreist (lobt) JHWH, denn er ist gut! Ja, auf ewig währt seine Güte/Huld" (Ps 107,1). Die Güte JHWHs erweist sich, so entfaltet dann Ps 107, als rettende Macht inmitten tödlicher Bedrohung (der Psalm zeichnet vier faszinierende Bilder: JHWH rettet in der Wüste, aus Gefangenschaft und Kerker, in tödlicher Krankheit und aus Wasserstürmen des chaotischen Meeres); vor allem zeichnet Ps 107 in seinem Schlußteil V.33–42.43 JHWH als einen Gott, der sich den Verlassenen, Gebeugten und den Armen zuwendet und sie reich beschenkt. Die Leitwörter von Ps 107 „Güte/Huld" (107,1. 8.15.21.31.43), „Wundertaten" (107,8.15.21.31) und „retten" (107,13.19) kommen auch in Ps 145 wieder vor (145,5.8.19). Daß die Botschaft vom guten, rettenden Gott den „Menschenkindern" gilt, betont Ps 107 mehrmals (107,8.15.21.31). Doch wird diese Botschaft in Ps 145 gezielt gesteigert: Während Ps 107 diese Botschaft auf Israel engführt (Ps 107,33–42: Sammlung des „gebeugten" und armen Israel aus den Völkern und Heimkehr zu der „Stadt" = Zion/Jerusalem), weitet Ps 145 die Vision vom rettenden Gott ausdrücklich auf *alle Geschöpfe* (145,21: „alles Fleisch") aus. Das ist die Geschichtsdynamik, in die das fünfte Psalmenbuch seine jüdischen und christlichen Beter führen will: Die partikulare Zuwendung Gottes zu Israel und zur Kirche hat die universale Königsherrschaft Gottes zum Ziel, die schon mit der Schöpfung der Erde eingestiftet ist.

Psalm 145 leitet mit seinem letzten Vers 21 zum großen *Finale des Psalters, Ps 146–150*, über. Der Anfang von Ps 146 „Preise meine Seele/meine Kehle JHWH" (146,1) nimmt Ps 145,21a auf „Die Preisung JHWHs soll reden mein Mund". Und die in Ps 145,21b als Folge dieses Lobpreises formulierte Hoffnung, „und segnen soll *alles Fleisch* seinen heiligen Namen" wird im letzten Satz des Finale weitergeführt: „*aller Atem* soll Jah preisen" (150,6). Auch motivlich klingt Ps 145 in diesem Finale weiter, vor allem in den beiden Randpsalmen Ps 146 und Ps 150, die höchstwahrscheinlich ausdrücklich für dieses Finale geschaffen wurden.

Psalm 146, der seine Formulierungen größtenteils aus anderen Psalmen und aus dem Jesajabuch schöpft, zeichnet noch einmal das in Ps 145 entfaltete Proprium des Königs JHWH als des Retters der Armen, wobei in Ps 146,8a wörtlich aus Ps 145,14 zitiert wird. Ps 146 präzisiert nun, wer der in Ps 145 besungene Weltkönig ist, und unterstreicht ausdrücklich, wessen er sich bedient, um sein Weltkönigtum herbeizuführen. Der Schlußvers von Ps 146 bringt es so auf den Punkt: „Es herrscht als König JHWH auf ewig, *dein Gott, Zion*, von Geschlecht zu Geschlecht" (146,10). Es ist der Gott Zions, der durch die Rettung der armen und bedrängten Kinder Zions (wie Ps 149, der vorletzte Psalm des Finale, erhofft) das eschatologische Gericht durchführt.

Psalm 150, der Schlußpsalm des Finale und des Psalters überhaupt, ist durch Stichwortverkettung mit Ps 145 verbunden. Die entscheidenden Themawörter des ersten Teils von Ps 150 sind aus Ps 145 aufgenommen (150,2a: „Machttaten", vgl. 145,4b.11; 150,2b: „Größe", vgl. 145,3.6), wodurch Ps 150 als Aufforderung zum Lobpreis des Weltkönigs gekennzeichnet wird; diese Dimension wird auch in Ps 150,1 ausdrücklich angesprochen.

Die *fünf Psalmen 146–150*, die jeweils durch ein Halleluja gerahmt sind (so entsteht ein *zehnfaches* Halleluja), wollen als ein thematisch sich steigernder Zusammenhang gelesen bzw. gesungen werden. Die Abfolge ist so gestaltet, daß im jeweils nachfolgenden Psalm das im Schluß des vorangehenden Psalms angesprochene Thema aufgegriffen und weitergeführt wird. Es sind Variationen des in Ps 145 angeklungenen Themas von JHWH als dem guten Weltenkönig, der sich als solcher in seiner Schöpfung und in der Rettung seines Volkes, in der Erneuerung Zions, insbesondere in seiner liebevollen Zuwendung zu den Schwachen und Armen – und in der kämpferischen Entmachtung der chaotischen Mächte und Gewalten erweist.

Als Lobpreis auf den guten Weltkönig JHWH ist Psalm 145 im Kontext des Schlußfinale Ps 146–150 in der Tat eine kämpferische Absage an alle Mächte, die mit „Götter-Anspruch" auftreten und Verheißungen vorgaukeln, die sie nicht erfüllen können. Die Konsequenz aus Psalm 145 lautet mit den Worten des anschließenden Psalm 146: „Vertraut nicht auf Machthaber, auf Menschenkinder, bei denen (durch die) es keine Rettung gibt ... Selig, dessen Hilfe der Gott Jakobs ist, dessen Hoffnung ist auf JHWH, seinen Gott, den Schöpfer Himmels und der Erde" (Ps 146,3.5.6a).

VIII. Ein Königsbuch

Wie keine andere Gestalt hat König David die biblische Überlieferung inspiriert. Gewiß ist *Mose,* die menschliche Hauptfigur der Tora, in theologischer Hinsicht bedeutsamer geworden. Und nur er hat eine biblische Würdigung erhalten, die ihn von den anderen Gestalten Israels uneinholbar absetzt: „Niemals wieder ist in Israel ein Prophet wie Mose aufgestanden. Ihn hat JHWH Auge in Auge berufen. Keiner ist ihm vergleichbar" (Dtn 34,10). Mose ist zwar keine Religionsstifterfigur, aber er ist die entscheidende Figur, an die das biblische Israel seine kanonische Ursprungsgeschichte angebunden hat. Gleichwohl fällt auf, daß die Bibel Israels an der Biographie des Mose und an einer Familiengeschichte des Mose nur wenig Interesse zeigt. Zwar wird von seiner Geburt und Jugend, von seinen Frauen und von seinen Kindern, von seinem Bruder Aaron und von seiner Schwester Mirjam erzählt. Auch sein Tod wird berichtet. Aber diese biographischen und familiären Züge werden nicht *als solche* breiter thematisiert. Mehr als an der Ausgestaltung einer Mose-Vita war die Überlieferung an den ihm von JHWH geoffenbarten Worten und an seiner Aufgabe interessiert, die er an und für Israel zu erfüllen hatte. Diese Aufgabe wird mit vielen Umschreibungen dargestellt. Beinahe alle Funktionen und Ämter, die es in Israels Geschichte gab, versammelte die Überlieferung in Mose – mit *einer* Ausnahme: Mose hat nie spezifisch königliche Züge angenommen, obwohl sich solche von seiner Rolle als „Gesetzgeber", „Feldherr" oder „Volksführer" durchaus aufgedrängt hätten. Die Königstitulatur *und* die Königstheologie reservierte Israel für seinen Gott und für seine Könige.

Mit der Figur seines ersten *Königs David* schuf Israel eine „Gründergestalt", die spannungsreich neben Mose trat und die in der nachexilischen Epoche mehr und mehr zur „Zukunftsgestalt" wurde. Als „messianische" Gestalt hat David auch das junge Christentum und dessen institutionelles Eintreten in die politische Geschichte inspiriert und nicht unwesentlich bestimmt. Anders als bei Mose hat sich die biblische Überlieferung breiter mit der David-Vita beschäftigt. Allerdings gibt es keine Geburts- und Kindheitsgeschichte Davids. Die Überlieferung reflektiert statt dessen die Frage, wie David *König* wurde, wie er *als König* lebte und wie es mit *seinem Königtum* auch nach seinem Tode weitergehen würde. Da David anders als Mose mit der „historischen" Kultur Israels und insbesondere mit Zion/Jerusalem verbunden war, avancierte David zusammen mit seinem Sohn und Nachfolger Salomo zur kulturellen Leitfigur. Während Salomo zur Leitfigur der Weisheit und der Liebe wurde (vgl. besonders die ihm zugeschriebenen Bücher: Sprichwörter, Kohelet, Hoheslied, Weisheit Salomos), wurde David zur Leitfigur der religiösen Poesie und Musik – verdichtet und gesammelt im Buch der ihm zugeschriebenen Psalmen.

Das Besondere an dieser Sammlung von 150 Liedern und Gedichten, die allesamt Gebete sind, ist, daß sie als Psalmen *Davids* „königliche Gebete" sind. Was damit gemeint ist, können wir aus den beiden „Königspsalmen" Ps 72 und Ps 145 lernen, die wir zuletzt ausgelegt haben. Nach dem Verständnis des biblischen Israel, so haben wir bei Ps 72 gesehen, ist es die Aufgabe des Königs, Mittler der rettenden Gerechtigkeit des gütig-mächtigen und barmherzig-rettenden Weltenkönigs JHWH zu sein, dessen Wirken Ps 145 feiert. Von diesen beiden Psalmen her wird offenbar, was die biblische Tradition den Psalmen an „Gotteskraft" zuspricht, wenn sie uns den Psalter als „Königstestament" in die Hand, auf die Lippen und vor allem in das Herz gibt. Die Überlieferung verheißt damit: Wo *diese Psalmen* gebetet und gesungen werden, wird Gottes rettende Gerechtigkeit selbst „vermittelt" – weil in ihnen das Königscharisma des *biblischen* David versammelt ist. *Diese* Psalmen haben eine quasi-sakramentale Kraft; sie sind wirkmächtiges Wort.

Die biblische Überlieferung hat diese Eigenart der Psalmen *Davids* in der wunderschönen Geschichtenkette 1 Sam 16–18 verdichtet. Wir lesen diese Erzählungen meist nur als Einzelgeschichten und achten zu wenig auf ihren (kanonischen) Zusammenhang. Und doch erschließt erst dieser Zusammenhang die bleibende biblische Botschaft.

Was also wird da erzählt? Es beginnt mit der wundersamen Erzählung über die Salbung des kleinen Hirtenjungen David zum König durch Samuel (1 Sam 16,1–13). Als Isai, der Vater Davids, seine Söhne der Reihe nach vor Samuel aufmarschieren läßt, hört dieser jedes Mal die Stimme Gottes in seinem Herzen: „Diesen habe ich nicht erwählt." Das wiederholt sich siebenmal – und der Aufmarsch ist zu Ende. Da fragt Samuel erschrocken: „Sind das *alle* deine Söhne?" Da erst fällt dem Vater ein, daß da ja noch „der Kleine" da ist. Daß *der* zum König erwählt sei und gesalbt werden solle, schien selbst dem Vater abwegig. Doch als dann „der Kleine" kommt, hört Samuel die Stimme Gottes: „Auf, salbe *den*. Er ist es!"

Und was in „dem Kleinen" steckt und was er kraft seines Charismas vermag, wird schnell sichtbar. Er hat, so erfahren wir gleich anschließend, die Kraft, mit seinem Leierspiel und mit seinen dazu gesungenen Liedern „den bösen Geist zu vertreiben", der über Saul gefallen war (vgl. 1 Sam 16,14–23). Und mit seiner geheimnisvollen Kraft besiegt er dann den leibhaftigen „bösen Geist", der in der Gestalt des Gotteslästerers Goliat auftritt (vgl.

1 Sam 17). Und die gleiche Kraft rettet ihn schließlich selbst, als der böse Geist den Saul dazu treibt, auf David den Speer zu werfen, um seinen Rivalen zu töten. Aber wen wundert es: Der tödliche Speer kann David gar nicht treffen, denn – so erzählt die Geschichte – David spielt und singt gerade seine Lieder, als Saul ihn umbringen will (vgl. 1 Sam 18,10f; 19,9f).

Das also ist die Meinung der Erzähler: In der Poesie und in der Musik des David steckt eine geheimnisvolle Macht, die das Böse vertreibt und vor dem Bösen rettet. Und genau *dies* ist eine entscheidende Aufgabe des Königs. Beachten wir die Pointe: David „kämpft" gegen den bösen Geist mit seiner Musik. Zwar besiegt er den Goliat mit seiner Hirtenschleuder, aber die Erzähler haben vor und hinter die Goliatgeschichte das Bild von David als dem Liedersänger gestellt. *Dieses* Motiv ist der Deuterahmen *auch* für die Goliatgeschichte. Letztendlich ist es die *gleiche* Kraft, mit der er den bösen Geist aus Saul vertreibt und den Goliat besiegt – es ist die Kraft, der er in seinen Psalmen Gestalt gegeben hat.

In diesem Sinn ist der Psalter Davids nach Meinung der Tradition ein wahrhaft königliches Buch: Mit den Gedichten und Liedern dieses Buchs bricht sich die richtende und rettende Kraft der Königsherrschaft Gottes ihre Bahn in unserer Welt. Es ist ein königliches Buch, weil es auf den Weg ins Gottesreich schickt.

Literaturhinweise

1. Allgemeine Literatur

J. Becker, Wege der Psalmenexegese (Stuttgarter Bibelstudien 78), Stuttgart 1975.

G. Braulik, Christologisches Verständnis der Psalmen – schon im Alten Testament?, in: K. Richter / B. Kranemann (Hrsg.), Christologie der Liturgie. Der Gottesdienst der Kirche zwischen Sinaibund und Christusbekenntnis (QD 159), Freiburg 1995, 57–86.

W. Brueggemann, The Message of the Psalms, Minneapolis 1984.

W. Brueggemann, Israel's Praise. Doxology Against Idolatry and Ideology, Philadelphia 1988.

H. Gunkel / J. Begrich, Einleitung in die Psalmen. Die Gattungen der religiösen Lyrik Israels, Göttingen 1933.[3]1975.

W. L. Holladay, The Psalms through Three Thousand Years. Prayerbook of a Cloud of Witnesses, Minneapolis 1993.

C. S. Lewis, Das Gespräch mit Gott. Gedanken zu den Psalmen. Mit einem Vorwort von Erich Zenger, Zürich [3]1992.

N. Lohfink, Psalmengebet und Psalterredaktion: Archiv für Liturgiewissenschaft 34 (1992) 1–22.

J. C. McCann, Jr. (Hrsg.), The Shape and Shaping of the Psalter (JSOT SS 159), Sheffield 1993.

J. C. McCann, Jr., A Theological Introduction to the Book of Psalms. The Psalms as Torah, Nashville 1993.

P. D. Miller, Interpreting the Psalms, Philadelphia 1985.

P. D. Miller, They Cried to the Lord. The Form and Theology of the Biblical Prayer, Minneapolis 1994.

K. Seybold, Die Psalmen. Eine Einführung (Urban-Taschenbücher 382), Stuttgart [2]1991.

K. Seybold / E. Zenger (Hrsg.) Neue Wege der Psalmenforschung (Herders Biblische Studien 1), Freiburg [2]1995.

K. Seybold / S. Raeder / H. Schroer, Art. Psalmen/Psalmenbuch, in: Theologische Realenzyklopädie, Band 27, Berlin 1997, 610–637.

N. Whybray, Reading the Psalms as a Book (JSOT SS 222), Sheffield 1996.

E. Zenger, Die Nacht wird leuchten wie der Tag; Psalmenauslegungen, Freiburg 1997.
E. Zenger, Ein Gott der Rache? Feindpsalmen verstehen, Freiburg ²1998.
E. Zenger (Hrsg.), Der Psalter in Judentum und Christentum (Herders Biblische Studien 17), Freiburg 1998.
E. Zenger u. a., Einleitung in das Alte Testament, Stuttgart ³1998.

2. Neuere Kommentare zu den Psalmen

L. Alonso-Schökel / C. Carniti, Salmos I/II (Nueva Biblia Espanola. Commentario teologico y literario), Estella (Navarra) 1993.
P. Craigie / M. E. Tate / L. C. Allen, Psalms (Word Biblical Commentary 19. 20. 21), Waco 1983. 1990.
E. Gerstenberger, Psalms. Part 1 [Ps 1–60] (The Forms of the Old Testament Literature), Grand Rapids 1991.
M. Girard, Les Psaumes Redécouverts. De la structure au sens, I–III, Quebec 1994. 1996.
F.-L. Hossfeld / E. Zenger, Die Psalmen. Psalm 1–50 (Die Neue Echter Bibel), Würzburg 1993.
J. L. Mays, Psalms (Interpretation. A Bible Commentary for Preaching and Teaching), Louisville 1994.
G. Ravasi, Il libro dei Salmi. Commento e attualizzazione, I–III, Bologna 1981. 1983. 1984.
K. Seybold, Die Psalmen (Handbuch zum Alten Testament I/15), Tübingen 1996.